«UNA LECTURA IMPRESCINDIBLE»
JOE KENNEDY, presidente de Pandora Radio

EL AMOR SÍ FUNCIONA

SIETE PRINCIPIOS VITALES PARA LÍDERES EFICACES

JOEL MANBY

D1596239

La misión de Editorial Vida es ser la compañía líder en satisfacer las necesidades de las personas con recursos cuyo contenido glorifique al Señor Jesucristo y promueva principios bíblicos.

EL AMOR SÍ FUNCIONA
Edición en español publicada por
Editorial Vida – 2013
Miami, Florida

Originally published in the USA under the title:
　　　Love Works
　　　Copyright © 2012 by Joel K. Manby
Published by permission of Zondervan, Grand Rapids, Michigan 49530

Editora en Jefe: *Graciela Lelli*
Traducción: *Ricardo Acosta*
Diseño interior: *Blomerus.org*
Fotografía de interior: *Joel K. Manby*

ISBN: 978-0-8297-6421-5

CATEGORÍA: Vida cristiana / Crecimiento profesional

IMPRESO EN ESTADOS UNIDOS DE AMÉRICA
PRINTED IN THE UNITED STATES OF AMERICA

13 14 15 16 17 ❖ 6 5 4 3 2 1

A papá y mamá
por enseñarme a amar en casa

y

a Jack y Peter
por enseñarme a amar en el trabajo.

Contenido

Prólogo

Junio 16, 1998. Era una típica mañana de martes en Atlanta, Georgia. Yo había volado a la ciudad para reunirme con un miembro potencial de la junta de la empresa de la que mi hermano y yo éramos cofundadores: Herschend Family Entertainment. Sin embargo, ¿dónde estaba el hombre? Observé mi reloj por quinta vez. Nueve y veinte de la mañana. Joel Manby tenía veinte minutos de atraso. ¡*Veinte* minutos! Era evidente que yo había tomado la decisión equivocada al pedirle que fuera parte del equipo. Me habían impresionado sus credenciales y su experiencia, pero también me había preguntado respecto a sus valores: ¿llegaría él a *entender* la cultura de nuestra empresa?

¿Y en realidad iría a aparecer en algún momento?

Lancé una última mirada a mi reloj. Parecía que el hombre iba a ser un fracaso... tal vez no se trataba más que de un célebre empresario con un carácter tan superficial como una hoja de papel. Fue entonces cuando Joel entró (se había perdido en esos días previos al GPS) y el resto, como me gusta decir, es historia de la familia Herschend. Hoy día Joel sirve en HFE como director general y presidente, y nuestra empresa ha crecido de nueve a veintiséis propiedades localizadas en diez estados, con excepcionales resultados económicos. Joel fue *exactamente* el hombre adecuado para liderar.

No me malinterpretes ahora: ¡*aún* estoy molesto porque él llegara tarde! Soy extremadamente puntual, y espero que mi equipo también lo sea. Pero el hecho de que Joel pasara de un comienzo tan malo a tan buen final en realidad es testimonio de una idea simple aunque subestimada:

El amor sí funciona.

Mira, cuando Joel entró con veinte minutos de retraso a esa reunión inicial tuve todo el derecho de permitir que esa *primera* impresión fuera mi *última* impresión. Una falla, y él estaría fuera. Pero de todos modos decidí entrevistarlo, y no me llevó mucho tiempo comprender que darle una segunda oportunidad fue una de las mejores decisiones que yo había tomado alguna vez. Fue lo correcto.

Para lo que no tuve palabras en ese tiempo, pero que supe en mi interior, es que hacer lo correcto en los negocios no tiene que ir en detrimento del resultado final. Cuando le di a Joel una segunda oportunidad, eso fue perdón en acción (uno de los principios que analiza este libro), y por supuesto aquello ayudó a que la empresa floreciera económicamente. Los líderes sabios usan su ética personal para *manejar* eficazmente la tensión entre los valores corporativos y las ganancias empresariales. Al final del día, el asunto obra mejor para todos:

Los accionistas están felices de que la compañía esté sana.

Los empleados están agradecidos de trabajar para una empresa que realmente se preocupa por ellos.

Y los clientes ven algo especial... y se mantienen volviendo por más.

Amigo, el libro que sostienes en la mano no es un testimonio para un solo hombre o una sola compañía. Es mucho más grande que eso. Se trata de siete principios de liderazgo eficaz que han existido desde hace miles de años, pero que a menudo se han olvidado o rechazado. Son interesantes y prácticos y tienen que ver con la mejor manera de liderar, en una forma que produzca resultados finales y profunda alegría.

El amor sí funciona. Confía en mí... he visto la prueba cada día que voy a trabajar con Joel.

Sinceramente,

Jack Herschend,
cofundador y presidente emérito de
Herschend Family Entertainment

Introducción
Amor secreto

Mientras buscaba a tientas la alarma a las tres de la mañana ese primer día de trabajo como limpiador de calles, me preguntaba en qué me estaba metiendo. La cadena de televisión CBS había pedido a mi compañía que participara en su exitoso programa de la vida real *Undercover Boss* [Jefe Secreto]. Como presidente y director general de Herschend Family Entertainment (HFE), yo había accedido a trabajar en Silver Dollar City, nuestro primer parque temático en Branson, Missouri.

Así que me levanté a tropezones y me puse un uniforme desconocido: pantalones vaqueros de trabajo, botas negras de seguridad, una chaqueta de jean sobre una sudadera con capucha, y lentes falsos. Por suerte la habitación de mi motel de treinta y cinco dólares la noche tenía cafetera, por lo que bebí el caliente brebaje y traté de recordar que ahora oficialmente yo era John Briggs, un trabajador automotor despedido en busca de un nuevo inicio.

Todo el proyecto era arriesgado: ¿y si el mismo acto de estar «encubierto» exponía a nuestros trabajadores o a nuestra empresa al ridículo o la vergüenza? Eso haría televisión fascinante para CBS, pero sería injusto para nuestra empresa. Mi equipo de liderazgo en HFE decidió confiar en nuestra cultura corporativa, en la verdadera devoción, y en la buena voluntad de nuestros afanosos empleados. Después de todo, lo hemos experimentado a diario de primera mano, al igual que los clientes en nuestros parques temáticos, así que ¿no sería maravilloso participar esa visión con espectadores de toda la nación?

Estos pensamientos fueron expulsados aprisa de mi mente cuando llegué a Silver Dollar City a las cuatro de la mañana; ¡no tienes mucho tiempo para reflexionar cuando se te está enseñando a lavar calles con una manguera de alta presión en el glacial aire de antes del amanecer!

Mi mentor fue Richard, un hombre callado y humilde que me recordó a mi padre. En cierto momento perdí el control de la manguera y rocié a Richard. Los productores de CBS podrían haber estado esperando en secreto un estallido de ira, pero el hombre tan solo me miró con calma y dijo con voz apacible: «Simplemente podrías quedarte detrás de mí». Mientras trabajábamos supe que la casa de Richard se había inundado seis meses antes, y que él se había visto obligado a mudarse con su esposa y sus cinco hijos a un remolque móvil mientras economizaba y ahorraba para las reparaciones. Esto representaba una enorme presión tanto en su presupuesto como en su vida familiar, pero el hombre siempre trabajaba con una actitud alegre.

Más tarde ese día trabajé con Albert, un joven con el cargo de supervisor en el área de la puerta principal de Silver Dollar City. Él es una bujía repleta de voluntad e ideas creativas para mejorar el parque. Durante el tiempo que pasamos juntos estuvo mostrándome sus diseños de montaña rusa, y me contó que anhelaba algún día ser el director general de la compañía. ¡Más adelante cuando me hallaba bregando con el sistema de entrada de la puerta principal me encontré deseando que el joven hubiera pasado más tiempo entrenándome en vez de estar mostrándome sus diseños! Al menos ya había salido el sol y mis manos comenzaban a descongelarse debido a la matutina lavada de calles.

A medida que avanzaba el día me enteré que Albert estaba teniendo tremendas dificultades para obtener créditos universitarios porque intentaba aprovechar al máximo su trabajo de tiempo completo en HFE, ¡mientras que también trataba de casarse pronto!

El hombre trabajaba cerca de cincuenta horas semanales, estudiaba en la noche, y se esforzaba por mantener feliz a una novia, sin embargo aún tenía el tiempo y la energía para ayudar a que «el tipo nuevo» se acostumbrara a su primer día de trabajo.

Esa semana trabajé con otras cuatro personas en otras cuatro propiedades, pero el patrón fue el mismo: empleados afanosos y dedicados que hacían una gran labor, incluso mientras batallaban con algún aspecto de sus vidas. Amaban la empresa y tenían en común el deseo de cumplir nuestra misión: «Forjar recuerdos dignos de repetirse»; y nuestra cultura, modelada por nuestro fundador y diseñada en forma resuelta para transportarse al futuro, coincidía con los corazones solidarios de estos empleados.

Al final del programa, cuando revelé a HFE mi verdadera posición, premiamos a cada uno de estos seis trabajadores con un donativo de nuestra fundación Share It Forward para cubrirles sus necesidades financieras particulares. En el capítulo 6 verás cómo están fundados y estructurados estos programas, pero verlos en acción me conmovió mucho, y emocionó a los espectadores a tal punto que por primera vez comprendí su importancia.

Richard literalmente se quedó atónito, sin poder moverse ni hablar, cuando le entregamos un cheque de diez mil dólares para arreglar su casa a fin de que pudiera salir de su remolque. Cuando le dimos una beca a Albert para que asistiera a la universidad a tiempo completo, lloró tan fuerte que pedí que detuvieran las cámaras para que él pudiera recobrar la compostura. Así mismo sucedió con las otras personas a quienes también les concedimos becas. Pero ellos no fueron los únicos afectados al ver el amor en acción.

Se espera más de los líderes

Más de dieciocho millones de espectadores vieron nuestro episodio de *Undercover Boss*, que resultó ser el programa de CBS con mayor audiencia esa semana y el segundo más popular en todas las cadenas, solo por detrás de *American Idol*. Después de la salida al aire, mi celular pareció sonar las veinticuatro horas los siete días de la semana, y página tras página de mensajes abarrotaron nuestras cuentas de redes sociales en Twitter, Facebook y correo electrónico. Nuestro sitio web corporativo, por ejemplo, tiene como promedio cincuenta visitas diarias, ¡pero en los primeros cuarenta y cinco minutos después del programa tuvimos sesenta mil! Quienes vieron a nuestros empleados en acción estaban intrigados por algo, y quisieron saber más.

Un hombre de California quiso hacernos saber lo que había visto. «Si no hubiera tenido un empleo ahora mismo, y gracias a Dios lo tengo en medio de esta economía, me habría presentado a su compañía una y otra vez hasta que me contrataran, aunque sea recogiendo basura —escribió—. Estaría muy orgulloso de pertenecer a una empresa como la de ustedes».

El sentimiento de este hombre se repitió una y otra vez por parte de personas que querían que supiéramos sus anhelos de que sus propios lugares de trabajo fueran más como el que habían visto en *Undercover Boss*; en otras palabras, más respetuosos, cooperativos, alegres y, bueno, más *amorosos*.

El volumen de solicitudes para aprender más acerca de nuestra cultura organizacional y de la fundación de ayuda iniciada a nuestros empleados fue abrumador. Debí limitar mis compromisos externos por el bien de la empresa, sin embargo una tranquila voz interior se mantuvo sugiriéndome que este mensaje era exactamente lo que las personas en toda clase de organizaciones (comerciales, no lucrativas, y agencias gubernamentales) necesitaban oír.

La simple verdad es esta: hay una crisis de confianza en el liderazgo. El nivel de insatisfacción y hasta de resentimiento presente en los miles de cartas y mensajes electrónicos me sorprendió. Las personas sentían que no podían confiar en sus jefes y líderes. Por eso es que nuestro episodio de *Undercover Boss* provocó tan abrumadora reacción: la gente estaba hambrienta de algo nuevo, de algo mejor.

Incontables trabajadores deseaban más de parte de sus líderes y de su ambiente laboral, y nosotros estábamos escuchando al respecto.

¿Qué tiene que ver el amor con esto?

La parte más satisfactoria de haber aparecido en *Undercover Boss* fue que confirmó la sabia filosofía de la gerencia que los líderes de HFE han estado nutriendo durante medio siglo: *liderar con amor*.

Liderar con amor es contrario a la intuición en el actual ambiente comercial porque revoluciona por completo muchos de los llamados principios de liderazgo. Sin embargo, el gran apoyo de personas que nunca habían oído de HFE me convenció de que mientras podríamos estar haciendo algo ligeramente alocado al liderar con amor, también estábamos haciendo algo de lo cual las personas estaban ansiosas de formar parte.

Mientras intentaba procesar mi experiencia en el programa y la respuesta obtenida, me pidieron que participara en una mesa redonda por parte de la Society of Human Resource Managers [Sociedad de gerentes de recursos humanos]. Al estar en el escenario surgió el tema de Undercover Boss, y lo que pasó a continuación me tomó por sorpresa.

Cuando el presentador me preguntó qué había detrás de nuestra cultura solidaria desplegada en el programa, manifesté: «Bueno, en realidad usamos el amor para definir nuestra cultura de liderazgo en HFE. No el amor de emoción, sino amor como verbo. Entrenamos a nuestros líderes para que se amen entre sí, sabiendo que si ellos crean entusiasmo en sus empleados, a cambio estos crearán en los visitantes una entusiasta y óptima experiencia. Creo que la mayoría de las organizaciones evitan discusiones acerca de cómo las personas se deberían tratar entre sí, y pienso que eso es un error en muchas de esas organizaciones. ¿Por qué tememos tanto a hablar de amor?».

Inesperadamente la multitud aplaudió, ¡y siguió aplaudiendo! De todos los temas cubiertos esa noche, el análisis de cómo las personas se tratan entre sí en el trabajo y el uso del amor en los negocios fue el *único* tema que generó fuertes aplausos. La gente estaba anhelando saber más respecto a cómo liderar con amor.

Poco después de eso ofrecí una charla de apertura en la convención de nuestro negocio en Orlando. Más de treinta mil asistentes estuvieron en esta convención de empresas de entretenimiento de todo el mundo, entre ellas Disney, Universal y cientos más.

Conté la historia de HFE y de nuestra filosofía de dirigir con amor en un almuerzo ante una multitud que había agotado las entradas. Aunque me referí a nuestro modelo comercial general, pasé la mayor parte del tiempo analizando cómo usamos el amor para definir nuestro enfoque de liderazgo.

La respuesta fue alentadora. Después de mi charla los asistentes a la convención me detuvieron constantemente para expresar su agradecimiento por participar esa clase de mensaje. Ellos también se preguntaban si liderar con amor podría realmente ser para sus organizaciones la buena noticia que parecía ser.

Al día siguiente en los periódicos apareció mi discurso y el titular: «¿Qué tiene que ver el amor con esto?».

En la cabeza respondí a la pregunta del titular: *¡todo!*

Y por eso es que estás sosteniendo este libro en tus manos. No importa de qué clase de organización seas parte, ni qué nivel de responsabilidad de liderazgo tengas, estás leyendo esto porque esperas que haya una mejor manera de dirigir que solo «cumplir cuotas» y preocuparse únicamente por el resultado final.

Te puedo decir sin lugar a dudas que existe una manera mejor, y es liderar con amor. Esta es una forma de dirigir que acrecienta el resultado final y que respeta a los empleados, una manera de dirigir que exige rendición de cuentas y que brinda segundas oportunidades. En resumen, es una poderosa forma de transformar el modo en que lideras y la cultura de tu organización.

No espero que creas esto hasta que leas las historias y los principios en este libro. Mi experiencia no es un cuento de hadas. Es más, está llena de dolor, de falsos inicios, y de fracasos. Pero te puedo decir que llegar a HFE cambió el modo en que yo veía el liderazgo y la manera en que vivía. Espero que para el final de este libro te hayas convencido de algo: *el amor sí funciona*.

1

LA NOCHE DE UN DURO DÍA DE TRABAJO

Ha sido la noche de un duro día de trabajo,
y hemos estado trabajando como animales.
John Lennon y Paul McCartney

1.1

¿Es eso todo en la vida?

Era una helada noche de junio del 2000. Me hallaba sentado solo en un apartamento de una habitación en el norte de California, a cinco mil kilómetros de mi esposa y mis hijas en Atlanta. Mi lugar de vivienda estaba totalmente desnudo por dentro: sin fotos, sin artículos personales, sin siquiera una planta falsa para calentar el ambiente. Solo era un lugar para dormir.

Afuera, las firmes ráfagas de lluvia que caían eran una imagen perfecta de mi vida. Yo era el nuevo líder de una naciente empresa de Internet llamada GreenLight.com... y la burbuja tecnológica acababa de explotar.

Esa noche había consumido suficiente vino como para calmar el agudo dolor emocional y la tensión que me estaban destrozando por dentro. No obstante, ¿qué iría a hacer, beber más y más cada noche? Anteriormente en mi vida había luchado con cortas temporadas de depresión, pero este episodio se estaba llevando lo mejor de mí. No sabía si podía soportar el dolor por más tiempo. No tenía idea hacia dónde acudir, y por cada gota de lluvia que salpicaba en mi ventana me venía a la mente una pregunta.

Mi carrera había sido una monotonía a toda velocidad. Después de graduarme en 1985 en Harvard Business School, mi esposa Marki y yo nos mudamos diez veces en quince años mientras yo aceptaba nuevas posiciones de liderazgo con creciente responsabilidad y presión. El constante movimiento produjo una enorme tensión en nuestra vida hogareña y en nuestras cuatro hijas.

Uno de nuestros movimientos fue la puesta en marcha de Saturn Corporation, que pasó de cero a cinco mil millones de dólares en ingresos en tres años. Ese empleo exigía innumerables horas de concentración absoluta. Mientras estaba en Saturn fui ascendido a director general de Saab USA. La división estaba perdiendo dinero, y mi trabajo era cambiar eso. Las innumerables noches trabajando hasta tarde y los constantes viajes continuaron como resultado de lo que parecía una interminable presión para cumplir las cuotas. Y lo logramos… mi familia permaneció a mi lado a pesar de mi constante ausencia, mientras mi equipo y yo ayudábamos a lograr que la empresa volviera al segundo mejor año en la historia estadounidense de Saab.

Por desgracia no había tal cosa como una línea de llegada. Nunca «triunfé» ni obtuve una oportunidad de pasar más tiempo en casa con mi familia. En 1999, a los tres años de mi misión en Saab, me añadieron a mis responsabilidades Asia y Sur América. Así que, solo un año antes de esa noche en que me hallaba sentado en ese vacío apartamento en California, pasaba viajando más de doscientos cincuenta días al año, principalmente en Asia; e incluso cuando estaba en casa tenía constantes conferencias telefónicas a las seis de la mañana con Suecia y a las once de la noche con los mercados de Asia.

Me estaba quemando, y lo mismo pasaba con Marki.

El 13 septiembre, 1999, me hallaba en Australia para una reunión de distribuidores de Saab y llamé a mi esposa para ponerme al día. La voz se le quebrantó desde que comenzó a hablar.

—Este es el segundo año seguido que has estado lejos en mi cumpleaños. Cuando estás en casa, lo que no es muy a menudo…

Comprendí que ella estaba esforzándose por hablar.

—Cuando estás en casa, realmente no estás *en casa.*

Hubo una larga pausa, y me di cuenta de que mi esposa intentaba recobrarse.

—No me casé para esto —expresó finalmente—. Creí que podría soportarlo, y lo he intentado. Pero esto no está funcionando para nuestra familia. Estás frustrado. No eres feliz, y yo tampoco. Las niñas no te conocen realmente. Algo tiene que cambiar.

Los momentos de silencio que siguieron parecieron una eternidad.

Marki tenía razón. Algo *debía* cambiar. El divorcio no era una opción para nosotros, pero yo sabía que si dejaba que ella «llevara la carga» en casa, nuestro matrimonio nunca llegaría a ser todo lo que estaba destinado a ser. Yo quería un gran matrimonio, y deseaba ser un buen padre. Así que le pregunté a mi jefe, el director general de Saab en todo el mundo, si yo podría regresar a ser «tan solo» director general de las operaciones estadounidenses, lo cual cortaría mis viajes a la mitad.

Se negó.

¿Has tenido alguna vez un momento en que una sola conversación cambia de modo irrevocable el curso de tu vida? Es casi como si el tiempo se detuviera tanto que puedes ver el dilema. Yo estaba decidido a tomar la decisión correcta, y esta decisión *no* era el sendero que conduce año tras año a cumpleaños perdidos y a hijas que poco a poco se estaban convirtiendo en extrañas.

Tomé la difícil decisión de salir de Saab en busca de lo que creí un mejor estilo de vida y una oportunidad de reencaminar mi familia. Decidí aceptar el cargo de director general de GreenLight.com, la «cuenta de autos» en Amazon.com que permitía a las personas comprar un auto con unos cuantos clics en el ratón. Estaba consciente de que el comienzo sería difícil, pero también sabía que no iba a viajar internacionalmente y que habría enormes beneficios financieros.

Eso fue lo que creí. Entonces la burbuja estalló, y me arrastró con ella.

En mi *primera* semana de trabajo en GeenLight.com las acciones de NASDAQ cayeron, perdiendo más de un tercio de su valor. Aún no estábamos generando dinero, y lo que era una reserva de tres años en efectivo se convirtió rápidamente en un colchón de noventa días. En otras palabras, como organización de repente solo teníamos noventa días de vida, no los tres años que pensé que teníamos cuando acepté el empleo. Al final de mi segunda semana de trabajo me estaba deshaciendo de tres cuartas partes de mi equipo.

¿Qué tal ese mal comienzo?

Sacamos del mercado a nuestra filial de Atlanta, lo cual retrasó la reubicación de mi familia, ya que me dediqué a trabajar veinticuatro horas diarias todos los días para tratar de salvar a GreenLight.com. Alquilé un apartamento en California y volví a viajar a Atlanta solo una o dos veces al mes.

El camino que yo había creído que me llevaría de vuelta a casa con mi familia me llevó por el contrario a un apartamento vacío en California, con lluvia cayendo por fuera y una sensación de desesperanza descendiéndome por dentro. Mientras estaba sentado solo, terminando mi último vaso de vino, me seguían atacando las preguntas:

¿Para qué he estado tan motivado durante toda mi carrera?

Mientras más trabajo y más ascensos obtengo, la vida se vuelve peor. ¿Hay alguna esperanza de equilibrar los objetivos de mi profesión con los de mi familia?

Mi autoestima está ligada al rendimiento de las empresas que dirijo. ¿Quiero de veras que mis altibajos emocionales se basen en informes trimestrales de utilidades? ¿Es eso todo en la vida?

Si a esto es a lo que se debe parecer una carrera en el mundo comercial, ¿debería seguir una diferente línea de trabajo... una en que pueda unir mis habilidades y mis valores? Sin embargo, ¿es correcto que renuncie a toda la experiencia que he adquirido?

Esa noche sentí que el mundo se cerraba alrededor de mí... y yo quería salir. En mis momentos más sombríos quise abandonar la vida misma. Pero también estaba consciente de lo que eso le haría a mi familia, y no quería ser egoísta. No obstante, ¿qué alternativas me quedaban?

Mi celular sonó. Era Jack Herschend, presidente de la junta directiva de Herschend Family Entertainment Corporation (HFE), una de las más grandes empresas de parques temáticos en el mundo. Yo había estado en la junta de HFE por tres años, y tenía un elevado concepto de Jack y de la compañía.

—Joel, ¿cómo estás hermano?

Yo no tenía palabras, solo lágrimas, a medida que la emoción se desbordaba. Las fuertes habilidades de empatía de Jack lograban hacer eso en mí. Él siempre estaba dispuesto a escuchar, y se preocupaba en gran manera por las personas.

Tan pronto como pude me recuperé y le expliqué la situación, revelando algunas grietas que yo había mantenido ocultas durante años.

Me sorprendió lo que Jack me dijo.

—Joel, lo oportuno de esta llamada puede ser fortuito. El año entrante me voy a jubilar como presidente, y a todos en la junta nos gustaría que fueras el próximo presidente de HFE. Sentimos que la empresa necesita tus fortalezas y tu estilo de liderazgo. ¿Lo considerarías?

Me quedé sin habla.

—Joel, sé que estás lidiando con tu situación familiar, y creo que los valores y la cultura de HFE se ajustan perfectamente a ti.

¿Cultura? ¿Valores? ¿Mi familia? Hablar acerca de estos temas en el contexto de un posible empleo era tan extraño como bienvenido.

No pude hablar en ese momento. Los ojos se me volvieron a llenar de lágrimas, y la garganta se me estaba cerrando. Jack y su familia habían dirigido HFE durante más de cuatro décadas, y ahora me estaban pidiendo que me hiciera cargo de un legado que él y su hermano Peter habían levantado. ¿Por qué yo? ¿Por qué ahora?

Y las palabras de Jack no solo eran acerca de él o de la empresa, sino también acerca de mi vida personal. ¿Le preocupaba mi familia? Esa noche me hallaba tan sorprendido por la oferta como para entender la respuesta a mi propia pregunta: ¿qué clase de líder era este?

Según me di cuenta después, la respuesta es sencilla: un hombre que dirige con amor.

Liderar con amor

Mi carrera me había dejado sin ninguna preparación para hacer frente a hombres como Jack y Peter Herschend. Toda mi vida había estado viviendo por los números porque estos parecían ser lo único que a mis líderes les importaba. De haber tenido principios más profundos debí haberlos revisado en la puerta de la empresa, porque una vez en el trabajo todo giraba alrededor del rendimiento económico.

Cuando rendía bien me recompensaban y era respetado. Cuando fallaba sentía como si me fueran a tirar a la calle. Era así de simple. Por dentro anhelaba una senda mejor, una que uniera quién era como líder comercial con quién era como *persona*. Quería interesarme en las personas con quienes y para quienes trabajaba. Quería trabajar en algún lugar que rechazara la falsa dicotomía entre ganancias y personas, o entre dividendos y principios. En resumen, quería ser la misma persona todo el tiempo: en el trabajo, con mi familia, en mi iglesia, y cuando me hallaba solo.

Pero había estado demasiado tiempo en los negocios para saber que ese era un sueño casi imposible.

Al final resultó que esa llamada de Jack puso en acción una cadena de acontecimientos que darían respuesta a muchas de mis inquietudes. No lo comprendí en ese momento, pero mi experiencia en HFE revolucionaría la manera en que veía, y en que veo, el liderazgo.

Este libro nació de la convicción de que liderar con amor es la mejor manera de dirigir una organización.

Cualquier organización.

Comprendo que esta es una afirmación controversial, pero también ahora entiendo que es verdadera... todo el camino hasta la esencia de quién soy como líder y como hombre. El amor no es un sentimiento sino una acción, una acción por medio de la cual líderes y organizaciones enteras pueden experimentar éxito casi inimaginable y realización personal.

El resultado final

Si crees que esta charla respecto al amor es una excusa para evitar las duras verdades acerca de guiar una organización, déjame tranquilizar tu mente.

El resultado final es esencial.

Si no cumplimos nuestros objetivos financieros no podemos lograr los demás objetivos que tenemos en HFE, como ser un «lugar fabuloso que trabaja para personas fabulosas». Sin embargo, obtenemos ganancias haciendo lo correcto para clientes y empleados; las ganancias no son un fin en sí, son un producto de hacer lo correcto una y otra vez.

En los últimos siete años en HFE hemos expandido las ganancias operativas en más de cincuenta por ciento y hemos ganado más de catorce por ciento de retorno anual para nuestros dueños, superando claramente la grande y pequeña capitalización del mercado de valores durante épocas muy difíciles. Y lo hemos realizado mientras dirigimos conscientemente y con amor. Dos de nuestros parques han obtenido el más alto honor a la calidad: el Applause Award.

Sacrificar valores para obtener beneficios es una decisión errónea.

Al mismo tiempo que hemos experimentando éxito económico también hemos crecido en amor... y quiero expresar eso en una manera práctica y esencial. Nuestra fundación Share It Forward fue establecida para ayudar a nuestros empleados en necesidad. Las donaciones a empleados corresponden a ganancias de la compañía, y la familia Herschend agrega un regalo adicional. En solo cinco años hemos pasado de ayudar a sesenta familias por año a ayudar a más de setecientas familias anualmente, ¡y eso se debió a un programa iniciado para prestar ayuda a los empleados en medio de épocas económicas difíciles!

El resultado final es este: hemos tenido más ganancias que nunca y disfrutamos liderar con amor más que nunca antes. Al usar activamente los siete principios de liderar con amor (ser pacientes, bondadosos, confiables, generosos, sinceros, perdonadores y dedicados) nos aseguramos de que nuestro negocio sea flexible y rentable, y que nuestros empleados estén motivados y sean leales. Hacemos esto porque es un buen negocio y porque es lo que debemos hacer.

El dilema

¿Qué hay de ti?

¿Te has preguntado alguna vez si es posible maximizar las utilidades *y* valorar las relaciones?

¿Te está desgastando lentamente la disonancia entre los valores que muestras en casa y los que adoptas en el trabajo?

¿Te has preguntado alguna vez si tu trabajo podría ayudar a mejorar el mundo?

¿Has anhelado alguna vez que el trabajo simplemente pudiera... funcionar?

Yo he deseado todo eso, y mi experiencia en HFE me ha enseñado que eso se puede volver realidad, sin que importe dónde trabajemos o qué título laboral tengamos. Lo único que se necesita es un deseo de hacer lo correcto y mucho esfuerzo.

Algunas personas creen que liderar solo tiene que ver con resultados. Lo que he aprendido es que «solo» es la palabra errada en esa frase. Liderar tiene que ver con finanzas *y*...

con amar a las personas con quienes trabajas.

con hacer de tu comunidad un mejor lugar.

con tener un sentimiento de satisfacción al final de cada día.

con dirigir empleados que no puedan imaginarse trabajando en ninguna otra parte.

Estos aspectos no son mutuamente exclusivos. En realidad, lo opuesto es la verdad: el resultado final se obtiene mejor cuando los líderes guían con amor. Ese es el camino ilógico al que me gustaría guiarte en los capítulos siguientes.

Si has leído hasta aquí sé que tienes sed por algo más que lo mismo de siempre, así que comencemos y transformemos la manera en que lideramos.

2

LOS MAESTROS JEDI

Hacer o no hacer. No hay ensayo.

Yoda

En La guerra de las galaxias un maestro jedi debe entrenar a los aspirantes a caballeros jedi. El maestro siempre es más sabio y más experimentado, por tanto puede entrenar al joven jedi en la manera adecuada. Los maestros jedi tienen una fuerte comprensión de una fuente de energía llamada la Fuerza, y siempre luchan por usarla para bien.

Toda organización tiene sus maestros jedi. La nuestra en Herschend Family Entertainment son Jack y Peter Herschend. Sin embargo, todas las empresas, grandes o pequeñas, pierden a sus maestros jedi y atraviesan otras difíciles transiciones de liderazgo. Cuando Jack y Peter se jubilaron, la cultura era fuerte, pero no estaba definida y había un alto riesgo de que se diluyera a medida que siguiéramos creciendo con nuevas propiedades.

Debíamos definir nuestra cultura para enseñar a otros *la manera de* liderar con amor del modo en que Jack y Peter habían enseñado con el ejemplo.

2.1

Cómo evitar que una historia común deje de ser una historia común

---

Fue en la reunión de noviembre de 2006 de la junta de Herschend Family Entertainment que finalmente ocurrió. Jack y Peter Herschend habían estado en la junta de HFE desde 1960, y esta sería su última reunión. Cuarenta y seis años es mucho tiempo para estar en una junta, pero para HFE fueron demasiado breves. A partir de ese día Jack y Peter ya no estarían en la mesa con nosotros, ya no ofrecerían su voto, ya no nos harían saber sus palabras y su visión.

Fue un gran momento, y algunos de los miembros de la junta y familiares intentaron hablar con Jack y Peter una vez fuera. Junto con sus padres y esposas, los hermanos habían transformado una visita guiada a una sencilla cueva en Branson, Missouri, en una compañía de diversión de dieciséis millones de clientes al año y que da trabajo a más de diez mil empleados en veintiséis propiedades en todos los Estados Unidos. Ellos treparían cualquier montaña por sus empleados, y estos lo sabían también; por lo cual HFE disfrutaba de tan poderosa sensación de unidad corporativa y entusiasmo. Jack y Peter encarnan una historia *desinteresada* de la pobreza hacia la riqueza, y su generosidad fue un faro que atrajo y mantuvo absolutamente a los mejores colaboradores.

La despedida

Hubo lágrimas en el salón y un montón de emociones encontradas. Pero Jack y Peter tienen tremenda sabiduría y humildad. Sabían que lo que importaba era crear una organización cimentada para durar, una organización que resistiera la prueba del tiempo. Las palabras de despedida de Jack confirmaron lo que ya sabíamos.

Pequeño de estatura, con cabello espeso canoso y con un potente apretón de manos, Jack se puso lentamente de pie, sintiendo los efectos de varias prótesis de cadera que se ocasionara al probar personalmente muchas de las atracciones que ayudó a crear. Las manos de Jack estaban gastadas de años de trabajar en los parques, fundiendo a mano escalones de cemento en el interior de la cueva, y plantando en persona miles de árboles en todo Missouri como una dedicación al ambiente. Todo hecho y toda palabra de Jack parecían tener un propósito específico.

«Aprecio las peticiones de que Pete y yo nos quedemos en la junta, pero no lo haremos. Como ustedes saben, él y yo hemos hecho una transición cuidadosamente estructurada de diez años. Un plan que me llevó de director general a la presidencia, de allí a miembro de la junta con voto, después a miembro de la junta sin voto, y luego a estar fuera de la junta. Pete está siguiendo una senda parecida. Este plan es esencial para que pueda haber una transición suave de la compañía mientras Pete y yo aún tengamos salud».

El salón estaba en silencio; podríamos haber oído la caída de un alfiler.

«Es una historia común que un negocio familiar pierda su rumbo después de que los padrinos se van, y por eso a Pete y a mí esto nos parece muy importante —continuó Jack—. Los dos entendemos que a fin de que esta compañía especial se mantenga especial debemos dejar que continúe un nuevo equipo de líderes y una junta independiente, fuera de nuestra sombra. Queremos seguir teniendo la propiedad familiar para siempre, deseamos sentirla como una familia, pero también queremos que la guíe el mejor equipo posible. Con esto en mente, es importante que la junta y el liderazgo nunca pierdan de vista los tres objetivos principales de la familia Herschend: lograr crecimiento específico en ganancias que sean "una gran inversión de largo plazo", ser un "lugar fabuloso que trabaja para personas fabulosas", y "liderar con amor"».

Jack se aclaró la garganta y bebió un vaso de agua antes de continuar.

«Comprendemos que a veces puede existir tensión entre estos objetivos, pero esa es una tensión que se debe administrar. No está bien obtener crecimiento de utilidades y destruir nuestra cultura como un "lugar fabuloso que trabaja para personas fabulosas", Tampoco está bien enfocarse en ser "un lugar fabuloso en el cual trabajar" sin lograr nuestros objetivos financieros. Esta es una tensión para *adoptarse*, no para eliminarse. Tengo gran fe en esta junta y en este equipo de liderazgo. Es el momento adecuado».

Entonces se sentó.

Jack tenía razón. Normalmente las organizaciones empiezan pequeñas con un empresario o un fundador inspirativo; tienen una cultura de tipo cuidado familiar con una fuerza laboral totalmente comprometida a la causa. Sin embargo, cuando estas mismas organizaciones se encuentran en una transición, la cultura de fundación casi nunca permanece intacta. Para que la cultura sobreviva debe definirse *y* adherirse a algo, o la organización pierde su espíritu. Una vez que esto sucede, por lo general el rendimiento económico comienza a declinar y las mejores personas se van.

O eso, o se convierte en una organización para la que nadie *en realidad* desea trabajar.

HFE se comprometió a evitar convertirse en otra «historia común». Quisimos asegurarnos de que nuestra cultura especial prosperara cuando los fundadores se jubilaran, y nos comprometimos a añadir propiedades en otras ubicaciones geográficas. No obstante, debíamos liderar con amor, exactamente como Jack y Pete hicieran por décadas, en tal forma que ello se pudiera enseñar y medir.

¿Ha atravesado tu organización una transición parecida de liderazgo? De no ser así, finalmente lo hará. Creo que estarás mejor posicionado si puedes identificar y conservar una sólida cultura erigida en valores eternos que motiven un crecimiento saludable y logre fuertes resultados financieros.

De esos siete valores eternos hablaremos en los capítulos 3 al 9, pero primero un breve mensaje acerca de liderar con *amor*. De todos modos, ¿qué es amor?

El amor es un verbo

Pude aceptar el hecho de que a los empleados de Herschend Family Entertainment les guste trabajar para los Herschend, y hasta que los Herschend les correspondan, a pesar de que esa idea fue un poco más difícil de admitir, dadas muchas de las personas para las que yo había trabajado. Pero me hallaba luchando con la palabra *amor* y con cómo definirla en una forma que los empleados pudieran entender y aceptar.

Allí fue cuando recordé una conversación que oí muchos años atrás, y el secreto que yo estaba buscando comenzó a revelarse.

El 5 de julio de 1986 fue un hermoso día: mi cumpleaños veintisiete. También fue el día de mi boda, y me hallaba de pie en el altar con mi hermosa novia, Marki. Nos portábamos como recién casados, por supuesto... miradas tiernas entre nosotros, incapaces de imaginar algo que no fuera felicidad conyugal. Pero nuestro pastor, Terry Walker, tenía otros pensamientos para la charla de ese día.

El amor como *verbo*.

Terry nos dijo: «Hoy día no se pueden imaginar esto, pero llegará el momento en que estén frustrados el uno con el otro; quizás no sientan *como si* se amaran. Tal vez ni siquiera sientan *como si* se gustaran en ese instante. Joel y Marki, en ese momento ustedes deberán *comportarse* como si se amaran».

Más que un sentimiento

Tratar a alguien con amor a pesar de lo que sientas respecto a esa persona es un principio muy poderoso. Esta clase de amor es la base para todas las relaciones sanas que sacan lo mejor de nosotros mismos y de los demás. Aquello puede convertirnos en grandes cónyuges, grandes padres y grandes amigos.

También en grandes líderes.

Sin embargo, muy a menudo cuando leemos la palabra *amor* pensamos automáticamente en amor romántico, del tipo emocional.

Pero de lo que estoy hablando es de amor como *verbo*, no de la emoción. Hablo de acciones, no de sentimientos. Me estoy refiriendo a un conjunto de conductas que las personas usan para construir una relación saludable con alguien, a pesar de lo que sientan.

¿Por qué existe el problema de la comunicación? Porque el idioma español solo tiene una palabra para definir el amor. ¡A fin de entender el propósito de este capítulo sería mejor que todos fuéramos griegos! El idioma griego es más articulado en expresar las diferencias entre las varias clases de amor. Es más, el antiguo griego distinguía *cuatro* tipos principales de amor: *eros, philos, storge* y *ágape.*

Eros es el amor expresado cuando tu hija adolescente atraviesa la puerta y exclama: «¡Estoy enamorada!». ¡Como padre sobreprotector de cuatro hermosas jovencitas no me emociona mucho este anuncio! *Eros* originó la palabra *erótica*, la cual tiene que ver con deseo, atracción y sentimientos cálidos y confusos. Este es el amor romántico que Hollywood ha explotado para ganar miles de millones de dólares.

Lamentablemente, esta clase de amor no es capaz de soportar la presión. El problema con eros es que depende de las circunstancias. Si la noche es romántica, si la puesta del sol es preciosa y el viento cálido y... bueno, captas la idea, eros puede existir. No obstante, tan pronto como se presenten acciones hirientes o palabras descorteces, eros se marchita. Por tanto, eros no es una base confiable para construir relaciones significativas o sanas con el paso del tiempo, y tampoco es el fundamento sobre el cual erigir una organización.

Amigos y familiares

La mayoría de nosotros reconocemos a *philos* como la raíz de Filadelfia, la ciudad del amor fraternal. Quienes conocemos a fanáticos de las Águilas de Filadelfia podemos discrepar con la parte de «amor fraternal»; después de todo, ¡se trata de fanáticos que abuchearon a Santa Claus durante el medio tiempo! Sin embargo, esta es la palabra que nuestros amigos griegos usaban para describir el amor de la amistad, así como la camaradería de estar con personas que nos agradan. *Philos* describe a los seres con quienes quieres pasar el rato y que también quieren estar contigo.

Aunque philos es fabuloso, y yo *sí* conozco fanáticos de las Águilas que me agradan, philos puede ser condicional o incluso egoísta. Si tratas injustamente a alguien, philos puede esfumarse; el tiempo y la distancia también pueden acabarlo. Por desgracia, todos hemos perdido amistades philos en una u otra de estas circunstancias.

Storge, la tercera clase de amor, es el afecto natural sentido entre los miembros de la familia. Es el término del cual viene la frase «la sangre es más pesada que el agua». El afecto de una madre por sus hijos no se compara con nada. El afecto familiar tiene una exclusividad y una aceptación no experimentada en philos o eros. ¡Cualquiera que haya tenido que soportar la crianza de un tirano de dos años de edad o de un adolescente conoce a plenitud el amor storge!

Philos y storge aún son tipos insuficientes de amor sobre los cuales erigir una organización, puesto que no siempre podemos trabajar con nuestros amigos o familiares, ¿verdad?

El amor como verbo

La cuarta clase, el amor *ágape*, es incondicional. Se trata de una decisión, de un asunto de la voluntad. Su forma verbal es *agapao*, pero por simplicidad usaré *ágape* porque este es totalmente griego para mí. La clave principal es pensar en ágape como *verbo*, no como emoción.

El amor ágape es el fundamento para las mejores y más nobles relaciones que los humanos son capaces de tener. Es el amor deliberado e incondicional como resultado de decisiones y conductas en vez de sentimientos y emociones.

A este respecto, el amor ágape tiene que ver con los valores que aceptamos como forma de vida, y constituye una determinación de *comportarnos* de cierta manera que se deriva de nuestro respeto por otros seres humanos, sin importar qué sintamos con relación a ellos. Para los líderes, demostrar amor ágape tiene que ver con conducta, no con emoción.

Esta es una distinción esencial que explica por qué el amor ágape puede ser la fuerza motivadora de una organización de éxito.

El amor ágape puede existir en los ambientes más hostiles, ¡incluso en el trabajo! Eros y philos se evaporarían en un ambiente laboral lleno de estrés, pero ágape puede resistir la prueba del tiempo. Es más, con amor ágape te puede disgustar alguien o puedes estar frustrado con esa persona y aún tratarla con amor. El amor ágape promoverá relaciones saludables entre los empleados y sus líderes, permitiendo a las personas rendir de la mejor manera, y al mismo tiempo resistiendo la presión que pueda existir en una organización de alto rendimiento.

¡Esos griegos tenían razón!

El amor ágape sí funciona

Si el amor ágape crea relaciones saludables en todos los ámbitos de la vida, ¿por qué no siempre lo utilizamos para levantar también organizaciones? ¿Por qué no existe más diálogo acerca de cómo crear y mantener relaciones saludables en el trabajo? Después de todo, el sentido común nos indica que las personas rinden mejor si se las trata con respeto y confianza.

He servido en organizaciones grandes y pequeñas, públicas y privadas, y también en juntas de varias organizaciones sin fines de lucro y lucrativas. Después de más de treinta años de presenciar todas las formas de estructuras organizacionales, todavía me sorprende nuestra disposición de considerar estrategias y de aumentar ganancias. Sin embargo, cuán reacios somos para analizar la manera de construir y mantener una cultura corporativa de éxito, tratando continuamente a los empleados de tal forma que se atraiga y se conserve a los mejores talentos en todos los niveles de la organización.

Por eso sostengo que nunca deberíamos dejar al amor en la puerta cuando de trabajar se trate. Por el contrario, pensemos que el amor sí funciona.

Piensa en el amor como verbo, no en el amor como emoción. Piensa en ágape, no en eros, philos ni storge. Piensa en compromiso y voluntad, no en sentimientos, y comenzarás a ver cómo el amor sí funciona.

Basar la conducta de liderazgo de una organización en la definición del amor ágape podría impactarte como una idea novedosa o hasta revolucionaria, y en el contexto práctico de la moderna organización estadounidense, así es. Pero la inspiración para usar el amor ágape como principio de liderazgo en realidad viene de una de las autoridades humanas más antiguas y respetadas sobre comportamiento humano en el mundo: la Biblia.

Los siete principios que exploraremos en el resto de este libro son paráfrasis de 1 Corintios, una carta escrita hace dos mil años. Primera de Corintios 13 se conoce como el «capítulo del amor» porque allí el apóstol Pablo escribió: «El amor es paciente, es bondadoso. El amor no es envidioso ni jactancioso ni orgulloso. No se comporta con rudeza, no es egoísta, no se enoja fácilmente, no guarda rencor. El amor no se deleita en la maldad sino que se regocija con la verdad. Todo lo disculpa, todo lo cree, todo lo espera, todo lo soporta» (vv. 4–7).

Esto es ágape, y estos son los principios que transformarán tu organización, desde lo esencial hasta el fondo de los corazones de tus empleados. El amor es...

- paciente
- bondadoso
- confiado
- generoso
- sincero
- perdonador
- dedicado

Podría sorprenderte la forma en que estas palabras elaboran el marco de una organización exitosa; recuerda que *no* constituyen una excusa para hacer caso omiso de un mal rendimiento ni para rechazar el resultado final.

Como verás en los capítulos siguientes, el amor ágape es un principio de liderazgo que hace responsables a los líderes y que ayuda a cualquier organización a volverse más saludable y entusiasta.

Únete a mí a medida que aprendemos a hacerlo.

3

EL AMOR ES PACIENTE

TENER DOMINIO PROPIO EN SITUACIONES DIFÍCILES

No tienes que provocar titulares para influir.

Truett Cathy

El famoso capítulo en la Biblia acerca del amor que a menudo se lee en las bodas (1 Corintios 13) define el amor, comenzando con un atributo que a veces olvidamos: «El amor es paciente».

La paciencia se menciona primero por una razón. Como atributo del carácter humano, por lo general se subestima y se menosprecia a la paciencia. En un mundo que ha llegado a tener un ritmo más veloz de lo que alguien pudiera haber imaginado hace un cuarto de siglo, ejercer paciencia es honorable... ya sea en la fila de un restaurante de comida rápida o al reaccionar ante un mal trimestre reportado por un subordinado directo.

En el contexto de liderar con amor, tener paciencia no es pasar por alto malos resultados. Nunca. Ningún líder experimentado toleraría eso. Al dirigir con amor, el principio de la paciencia significa comportarse con dominio propio en situaciones difíciles.

- ¿Cómo puede sobrevivir y prosperar un líder paciente en una organización de ritmo rápido?
- ¿Hay maneras de reprender el bajo rendimiento mientras se protege la dignidad de la persona?
- ¿Existe una manera perfectamente enfocada de usar el elogio para maximizar las ganancias y equilibrar nuestra represión?

3.1

Suecia en un
Domingo de Pascua

Aún me hallaba durmiendo temprano el Domingo de Pascua de 1999 cuando mi teléfono celular me despertó bruscamente. Era mi jefe, el director general de Saab a nivel mundial, llamándome desde Trollhatten, Suecia... ¡e incluso por la forma en que sostuve el teléfono a tres centímetros del oído, mi esposa pudo darse cuenta de que él no llamaba para desearme unas agradables vacaciones! El hombre estaba tan enojado con nuestras cifras de venta que quería que yo volara a Trollhatten esa misma tarde para «conversar». Eso significaba un vuelo nocturno con una reunión el lunes a las tres de la mañana, hora del este... no precisamente lo que me había estado imaginando para mi día de Pascua.

Tres años antes me habían ascendido a presidente y director general de Saab USA. Mi anterior contribución al fructífero despegue de Saturn Corporation me ayudó a obtener esta posición a los treinta y seis años de edad. Saturn era conocida por el excelente mercadeo y la extraordinaria relación con distribuidores, atributos de los que Saab carecía. En aquel tiempo General Motors poseía la mitad de Saab, así que me transfirieron de Saturn a Saab para dar una nueva dirección al liderazgo.

Con la cooperación de un fuerte equipo a mi alrededor, Saab USA salió del apuro, pasando de una pérdida de cincuenta millones de dólares en 1995 a una utilidad de diez millones dos años después. Mi equipo y yo debimos tomar algunas decisiones difíciles respecto a modelos de vehículos, comercialización, cálculos de concesionarios, y personal, pero nos dirigíamos en la dirección correcta.

Sin embargo, en el primer trimestre de 1999 la escasez de productos y algunos problemas de envío hicieron mella en nuestras ventas, y nuestra producción bajó veinte por ciento. Yo sabía que el problema era una anomalía y no algo representativo de la dirección positiva en que nuestra operación estadounidense se estaba moviendo. Como el ejecutivo de mayor rango en el continente, no debía preocuparme por un iracundo jefe que irrumpiera en mi oficina y exigiera saber por qué no había cumplido mi cuota.

En vez de eso, el hombre me llamó a *su* continente.

Mientras metía un poco de ropa y artículos de tocador en mi maleta de mano, ira e incredulidad comenzaron a surgir en mi interior. Apenas lograba creer que me estaban obligando a dejar todo y volar a Suecia, especialmente cuando eso no haría *nada* por incrementar nuestras ventas en el mes siguiente. Lo que necesitábamos era autos adecuados en existencia y tiempo para solucionar algunos problemas de producción y envío.

Al llegar a Suecia me sentía como un niño travieso a quien habían hecho acudir a la oficina del rector. Esperaban que yo recibiera mi castigo en el mismo escenario público de nuestra organización mundial. Delante de mis colegas de todo el mundo, así como de los altos directivos de Suecia, nuestro director general criticó mi único trimestre perdido de objetivos de venta. El tipo era un insolente estadounidense que pareció disfrutar la oportunidad de hacerme saber exactamente lo inepto que yo era por permitir que las cifras cayeran en un año tan crítico para Saab. No se habló de causas o soluciones, solo de acusaciones y comentarios denigrantes.

¿Acababa mi empresa realmente de gastar diez mil dólares en pasajes aéreos a fin de que yo atravesara el Océano Atlántico para *esto*? Fui totalmente humillado. Mientras me hallaba sentado en esa sala de juntas, sin poder responder, me pregunté: «¿Cinco de los últimos seis trimestres hemos establecido récords de venta, ¿y este es el trato que merecemos?».

El impulso de reaccionar, aunque con poca posibilidad de hacerlo, con algunos comentarios sobre la escasez de suministros y fabricación era casi irresistible. De algún modo hice acopio de suficiente paciencia para responder de manera controlada, mostrando al hombre más respeto del que él merecía en el momento. ¡O quizás lo que me mantuvo en calma fue mi grave caso de desfase horario! De cualquier forma, yo estaba agradecido de que la situación no se agravara, y al poco tiempo llegó la hora de volver a abordar mi vuelo de regreso a casa.

En los años trascurridos desde esa flagelación pública, los detalles de lo que se dijo y la razón de ello (así como mis sentimientos de ira y defensa personal) se han desvanecido. Sin embargo, hay un aspecto inolvidable de esa experiencia que cambió mi estilo de liderazgo para bien: a partir de ese momento decidí que nunca reprendería públicamente a alguien en una manera que menoscabara la dignidad de la persona.

Reprimenda paciente

Ese incidente marcó el inicio de mi desconexión emocional de Saab, y un año después tomé la nefasta decisión de ir a Greenlight.com en un intento por mejorar mi vida familiar. Pero estoy agradecido por el tiempo que me permitieron servir allí, especialmente porque este me enseñó lecciones vitales respecto a cómo dirigir con paciencia sin sacrificar el rendimiento ni la rendición de cuentas.

Todos debemos rendir cuentas, y como líderes somos responsables de que otros también rindan cuentas. No obstante, siempre que sea posible los reproches se deben hacer en privado, y deberían hacerse de modo que se proteja la dignidad de la persona. Cuando reprendemos a nuestros empleados en privado, y de forma paciente y respetuosa, recorremos un largo camino en asegurar que se mantengan motivados y sigan creciendo. Simplemente imagina lo que habría sucedido si mi jefe en Saab me hubiera pedido sosegadamente por teléfono que le explicara mis resultados de ventas. En vez de eso, el espectáculo público en que insistió prácticamente garantizó que yo perdiera cualquier lección correctiva que *pude* haber extraído de esa experiencia.

Es cierto que hay ocasiones en que la reprimenda en privado no es el curso correcto de acción para un líder, pero aun entonces debemos mantenernos pacientes y respetuosos. Por ejemplo, justo antes de la última semana de temporada los operadores de uno de nuestros parques en HFE redujeron repentinamente sus pronósticos económicos en casi veinte por ciento. Yo sabía que esta reducción no tenía nada que ver con su mercado particular sino que era una señal de que el administrador financiero estaba bregando por mantenerse.

Ese parque se había extralimitado en gastos debido a inexperiencia. Cerca de tres cuartas partes del equipo administrativo era relativamente nuevo, y para el final de la temporada la creciente cantidad de bolas con que habían tratado de hacer malabares estaban comenzando a caer.

Unas semanas después, cuando empezamos a revisar nuestros presupuestos planteados para la temporada siguiente, yo sabía que debía hacer rendir cuentas a esos administradores, pero aun estaba decidiendo la mejor manera de lograrlo.

A medida que nuestra reunión ordinaria avanzaba se hacía evidente que este equipo administrativo estaba esperando pasar desapercibido y evitar rendir cuentas por su equivocación. Fue entonces cuando decidí que una reprimenda pública sería más eficaz que la llamada privada de atención, puesto que habían intentado encubrir su error.

Miré el equipo y manifesté: «No vamos a seguir adelante todavía». Después de señalar claramente su déficit del año y de explicar las causas, continué: «Todos ustedes contribuyeron a este problema, y fallas de última hora en esta clase de pronóstico son inaceptables. Esto no puede volver a suceder nunca, nunca más. ¿Está claro?».

En este momento podrías estar preguntándote: *¿cuál es la diferencia entre esto y lo que tu jefe en Saab te hizo, Joel?* Esa es una pregunta que me he hecho, y creo tener la respuesta.

En ese momento hablé tan tranquila y profesionalmente como pude, y mantuve mi enfoque en por qué había ocurrido el déficit y qué se podría hacer para evitar que esto volviera a suceder. Incluso concluí animando a ese equipo administrativo... añadiendo a sus cuentas bancarias emocionales, lo cual es algo que veremos más detalladamente en los capítulos siguientes. Les dije que ellos eran capaces de más, y que creía que triunfarían el año siguiente. Les manifesté que confiaba en ellos.

Luego, casi un año después, mientras yo almorzaba con el gerente general de ese parque recibí confirmación de que mi reprimenda pública se había aceptado con respeto y amor. Mientras comíamos hamburguesas y papas fritas sobre un banco a la sombra de un parque, el hombre me miró y dijo: «No lo hemos olvidado. Mi equipo nunca te ha visto tan duro... y eso fue bueno para nosotros».

Como líderes comerciales no podemos olvidar la necesidad de amonestar. Liderar con amor no es excusa para ser «blandos» con las personas. Pero al mismo tiempo *siempre* debemos amonestar con paciencia y respeto. Nuestro objetivo no es simplemente el rendimiento; es proteger la dignidad de las personas en nuestro equipo. Ya sea que corrijamos y entrenemos a nuestros empleados en público o en privado, nuestra meta siempre es hacerlo con respeto y amor. Después de todo, así es exactamente como *queremos* que nos traten.

En Saab la reprimenda que recibí fue simplemente destructiva, como gasolina derramada sobre un árbol. Lo que aprendí de Jack y Peter es que la mejor amonestación es constructiva, como la manera en que el paciente jardinero poda y riega un árbol. Todo lo hace con la esperanza de una mejor cosecha. Manejar situaciones difíciles con represión paciente es una segura señal de liderar con amor.

3.2

Elogio paciente

Elogio en vez de clichés

Así como liderar con amor requiere amonestación, también requiere paciente *elogio*. Demasiado a menudo el elogio es algo secundario, solo un mero cliché que suena bien (*Tú sabes, estás haciendo un gran trabajo aquí*), ¡que lo decimos como prólogo a una crítica muy específica!

Sin embargo, a fin de que el elogio sea eficaz lo debe expresar un líder que tenga suficiente paciencia para observar lo que su equipo ha estado haciendo realmente, y que espera el momento adecuado para presentar esa evaluación.

Si no crees mucho lo que digo, piensa en el torneo de básquetbol March Madness de 2011 de NCAA. ¿Recuerdas el partido de campeonato entre Butler y la Universidad de Connecticut? ¿Aquel en que la Universidad le propinó a Butler una derrota de cincuenta y tres por cuarenta y uno en la peor final que se recuerde, donde Butler cometió cerca de diecinueve por ciento de errores en sus intentos de encestar?

Después del partido, el director de selecciones del torneo comentó: «Fue un partido fabuloso».

Este elogio público acerca del mérito del partido tenía cero de credibilidad. Lo mismo ocurre cuando los líderes hacen generalizaciones como «gran trabajo», «eres el mejor» o «no lo pude haber logrado sin ti». Se necesita paciencia para elogiar con detalles, y elogio sin detalles puede ser peor que ningún elogio en absoluto.

El poder del verdadero elogio

Era un agradable y hermoso día abrileño, pero yo estaba más nervioso que nunca. Era mi primer día de trabajo como el nuevo presidente de Herschend Family Entertainment, y Jack Herschend me iba a presentar a algunos de los dirigentes clave en Silver Dollar City a quienes yo aún no conocía.

No hay nada extraño acerca de sentirse nervioso el primer día de trabajo, pero mi agitación iba mucho más allá de lo habitual. Yo sabía que HFE era una empresa familiar en todo el sentido de la palabra, y Jack había sido presidente durante más de cuatro décadas. Ahora el hombre se estaba alistando para pasarme la posta; ¡y si él era un campeón olímpico, yo me sentía como un torpe niñito de quinto grado!

Reemplazar a Jack era el equivalente comercial de dirigir al equipo de básquetbol de la UCLA el primer año después de que John Wooden se jubilara como el entrenador de básquetbol universitario más triunfador de todos los tiempos, o era como salir al aire la tarde siguiente al último día de Oprah como anfitriona de su programa. Jack Herschend es una leyenda en nuestro ramo, y cuando yo caminaba alrededor del parque con él, no era la idea del algodón de azúcar o de la montaña rusa lo que hacía que el estómago me diera volteretas.

Me preguntaba si mi experiencia en la industria automotriz se podía aplicar a este nuevo escenario. Yo sabía que estaba a punto de someterme a una enorme prueba en cuanto a mis principios y creencias de liderazgo. ¿Serían suficientes mis convicciones y mis talentos para esta tarea?

Lo que empeoraba las cosas era saber que incluso mientras yo bregaba con estos pensamientos era probable que las personas en HFE estuvieran pensando: *espera. ¿Es este el reemplazo de Jack? De lo único que sabe es de autos, ¡y parece que no tuviera más de treinta y cinco años de edad!* Al anticipar tales pensamientos me sentía ruborizado, y el corazón comenzaba a acelerárseme.

Mientras atravesábamos los terrenos de Silver Dollar City todos saludaban a Jack. Y así es como todos lo llamaban: Jack. No Sr. Herschend, señor, ni jefe... solo Jack. Él se detenía para saludar a todo aquel que deseaba hablarle. Les preguntaba a los empleados por sus familias, a quienes él conocía por nombre. Recordaba detalles específicos respecto a qué chicos estaban en la universidad o qué miembro de la familia estaba enfermo. La evidencia del amor y afecto de este hombre por sus empleados era abrumadora. En lo único que se me ocurrió pensar fue en lo difícil que me resultaba recordar los nombres de las personas. Pensé: *nunca seré tan bueno como Jack. ¿Por qué estoy haciendo esto?*

¿Qué pasó *realmente* entonces ese día de abril? ¿Me tranquilizó la mente y el corazón recorrer el parque con Jack y charlar con los amigables empleados?

No exactamente.

Concluimos nuestro recorrido, y me presentaron a Nancy, la veterana asistente ejecutiva de Jack. Su apellido no era Herschend, pero ella era como un miembro de la familia y había sido asistente leal de Jack durante muchos años. Cuando Nancy me conoció hizo todo lo posible por sonreír y relajarse, pero pude darme cuenta de que estaba nerviosa o al menos intranquila. Nos sentamos en la oficina de Nancy y hablamos un poco acerca de nuestras experiencias y familias.

No obstante, cuando comenzamos a hablar de las responsabilidades de Nancy, el labio inferior le empezó a temblar y los ojos se le llenaron de lágrimas, no debido a mí sino por el hecho de que la dimisión de Jack se estaba haciendo realidad para ella. Intelectualmente creí que Nancy no estaba reaccionando por su propia naturaleza ante mí, pero mis temores se agudizaron y comencé a preguntarme si mi desconfianza en mí mismo iba a ser parte permanente en mi nuevo trabajo.

Empecé a recopilar una lista mental de empresas automotrices que me podrían contratar.

Al salir de la oficina de Nancy, Jack me presentó a Mike Hutcherson y su equipo. Mike era el líder de los parques HFE en Branson, Missouri. En otras palabras, Mike y su equipo eran leales a Jack, ¡y sabían mucho más acerca de mi trabajo que yo!

Allí fue cuando Jack cambió todo.

Frente a Mike y todos los presentes en el salón, Jack comenzó a elogiarme. Me comunicó su apoyo incondicional, diciendo: «Lo más importante respecto a Joel son sus valores. Sus creencias y su estilo de liderazgo coinciden exactamente con lo que queremos del presidente de esta compañía. Él entiende nuestra cultura y quiere protegerla y hacerla crecer. No hay nadie más en quien yo haya pensado para esta responsabilidad. Joel fue mi primera opción. *Sé* que él es el hombre de Dios para el trabajo».

La sensación de alivio y gratitud que me embargó se sintió como tropezar de pronto con una cálida cabaña después de vagar durante horas por bosques nevados.

Jack nunca me había dicho en persona muchas de esas cosas, y sin duda no en la forma de un monólogo lleno de elogios en un salón de líderes influyentes. Sus palabras me levantaron el ánimo y aumentaron mi confianza. Un enorme peso se me quitó de los hombros.

El panorama había cambiado. Jack no había corrido la buena carrera solo para observarme tocar la batuta mientras la multitud respiraba entrecortadamente. Al contrario, él y el personal de HFE me habían elegido y estaban aplaudiendo mi éxito. Jack iba a salir del camino dejando saber a todo el mundo que yo era su primera opción, su única opción, y que me daba todo su apoyo. Este cortés ejercicio me hizo aun más decidido a hacer un buen trabajo para Jack, la familia Herschend, la junta, y los empleados.

Volvamos al tema

Quizás el elogio no requiera el mismo nivel de paciencia que exige la amonestación exitosa. Pero cuando nos apuramos a elogiar sin pensar, a menudo no alabamos del modo correcto y dejamos pasar una oportunidad.

Al mirar hacia atrás, sé que Jack pensó profundamente acerca de cómo asegurar que la transición entre su liderazgo y el mío tuviera éxito. En otras palabras, él tuvo suficiente paciencia para esperar el momento adecuado a fin de elogiarme, y también tuvo suficiente paciencia para elegir las palabras correctas.

Es bueno que Jack no fuera como el funcionario de la NCAA que elogió el partido de la universidad de Connecticut como «fabuloso». Me estremezco al imaginar qué consecuencias habría tenido mi transición si Jack hubiera tomado la salida fácil y hubiera usado un elogio torpe e impaciente, o si él no hubiera caminado conmigo por el parque, o si no hubiera escogido el momento adecuado para el elogio público.

Sé que Joel es el individuo correcto. Tiene lo que se necesita. Él nos va a presentar una gran cantidad de ideas, y me emociona ver lo que tiene para nosotros.

Todo habría sido cuesta abajo a partir de allí.

A fin de ser totalmente eficaces, el elogio debe ser legítimo y directo. ¿Tendrá todo el mundo buenas razones para creer que este elogio es cierto? ¿Qué es exactamente lo que se elogia? En otras palabras, puedo recorrer la ciudad con un megáfono, elogiando a mis empleados a todo pulmón, pero si lo que digo no es creíble y específico, no obtendré el efecto deseado.

Jack y Peter también nos enseñaron el valor de *equilibrar* elogio con amonestación. Ambos aspectos tratan de brindar más aprobación que represión a fin de mantener un equilibrio positivo en nuestras cuentas bancarias emocionales. No es una ciencia, pero creo que estos hombres elogian tres veces más de lo que amonestan. Siempre saldrás de una conversación con ellos sintiéndote positivo aunque te estén pidiendo mejoras.

¿Has estado en una situación en que alguien te elogia en público por un logro específico o por una cualidad, una situación en que esa persona se tomó la molestia de describir exactamente la razón o las razones por las que eres digno de esa alabanza?

Piensa en ese momento. Recuerda cómo te sentiste. Yo apostaría que dentro de ti brotó lealtad hacia la persona que te dio el cumplido. Apostaría que te comprometiste a no dejarla sola en tu desempeño laboral.

Así es exactamente como los demás se sienten cuando los elogias con las palabras correctas ofrecidas en el momento oportuno. El elogio público, así como Jack hizo conmigo, motiva a que tu equipo se convierta en los líderes que ya saben que son. Eso es usar paciencia para liderar con amor.

Una lección de la historia

Terminaremos nuestra visita a la paciencia con un rápido vistazo a la época de la Guerra Civil, o al menos a mi película favorita acerca de ella: la épica de 1993, *Gettysburg*.

Después del primer día de batalla se lleva a cabo una reunión entre el general Robert E. Lee (interpretado magistralmente por Martin Sheen), quien comandaba los ejércitos del Sur, y el comandante general J. E. B. Stuart (interpretado por Joseph Fuqua), quien estaba a cargo de la caballería rebelde. Las fuerzas de la Unión se habían apoderado de los mejores hombres de Lee en forma sangrienta, en gran parte debido a que el general Stuart proporcionaba a su jefe insuficientes datos de inteligencia acerca de las posiciones y movimientos del enemigo.

Momento perfecto para la amonestación pública, ¿correcto? ¡Y seguramente ningún elogio después de la ruina que Stuart había provocado!

Lee confronta a Stuart en la tienda de este último; el espacio privado está iluminado solamente por velas.

—Algunos oficiales excelentes opinan que usted nos ha defraudado a todos —expresa el general Lee—. General Stuart, su misión era liberar el grueso principal de este ejército. Esa misión no se cumplió. Durante varios días usted permaneció aquí sin hablar de su movimiento o del movimiento enemigo. Mientras tanto nosotros estuvimos comprometidos aquí, participando en la batalla sin el adecuado conocimiento de la fortaleza o la posición del enemigo, sin conocer el terreno. Señor, solo por la gracia de Dios no nos topamos aquí con un desastre...

Lee continúa con pasión y convicción pero con imparcialidad.

—Quizás no fui claro. Pues bien señor, esto debe quedar muy claro... Usted señor y su caballería son los ojos de este ejército, y sin su caballería estamos ciegos. Eso ya pasó una vez; nunca, pero nunca jamás, debe volver a ocurrir.

Hasta ahora Lee está en su derecho como líder. Es más, creeríamos que sería negligente si no le hubiera llamado la atención a Stuart por tan grave falla de inteligencia. Pero lo que sucedió a continuación muestra la clase de visión de liderazgo de largo alcance que debemos tener si hemos de dirigir nuestras organizaciones con éxito a través de temporadas y retos cambiantes.

Stuart empieza a ofrecer la renuncia a su cargo, pero Lee lo interrumpe.

—¡No hay tiempo para eso! ¡No hay tiempo!

Entonces Lee se acerca y pone las manos en los hombros de Stuart.

—Mañana hay otra batalla, y necesitamos de usted. Tome lo que le he dicho y aprenda de ello, como lo hace un hombre.

Ya se había dicho todo lo que se debe decir respecto al desempeño de Stuart.

—Ha habido una equivocación —concluye Lee—. No volverá a suceder. Conozco su calidad; usted es uno de los mejores oficiales de caballería que he conocido. Su servicio para este ejército aquí ha sido invaluable. Ahora... no hablemos más de esto. El asunto está concluido... Buenas noches, general.

Lee brinda a Stuart un claro saludo y se aleja.

Esta escena resume el papel que juega la paciencia en liderar con amor. Lee pudo haber hecho muchas cosas con Stuart: maldecirlo, confrontarlo en medio del campo, minimizarle sus habilidades y talentos, etc. En vez de eso, el modo en que manejó a su imprevisible protegido es un modelo sobre cómo todo líder debe enfocar la crítica:

- Amonestar en privado siempre que sea posible.
- Ser duro pero evitar la intención dañina.

- Ser específico.
- Hacer que con elogio certero la otra persona «vuelva a la acción».
- Seguir adelante sin rencor.

¿No es así como todos queremos que nos traten? Liderar con amor paciente significa amonestar en privado y elogiar específicamente, y nunca volver a hacer lo primero sin lo último.

¿Cómo dirigirás mañana? ¿Qué personas deben rendir mejor esta semana? ¿Quién necesita elogio específico? Liderar pacientemente con amor no significa *esperar* para poner fin al mal rendimiento o a la mala conducta, significa empezar ahora, pero siempre significa manejar las situaciones difíciles con respeto y solicitud.

El amor es paciente
Resumen del capítulo

☑ Sé paciente: mantén dominio propio en medio de situaciones difíciles.
  - No seas paciente con el bajo rendimiento. Sé paciente con cómo *reaccionas* al bajo rendimiento.

☑ Elogia pacientemente en público.
  - Sé específico y exacto.
  - Sé legítimo, el elogio falso elimina la credibilidad.

☑ Amonesta en privado.
  - La amonestación privada es eficaz y protege la dignidad de la persona.
  - Ve al grano y sé específico; reafirma el valor de la persona; haz que la persona «regrese a la acción»; y no vuelvas a hablar del motivo de la amonestación.

☑ Elogia más de lo que amonestas, piensa en proporción de tres a uno.

4

EL AMOR ES BONDADOSO

MOSTRAR ÁNIMO Y ENTUSIASMO

Cualquier persona que continuamente te hace sentir mal no te está ayudando a ser mejor.

Sam Horn

«¿Cuántos de ustedes sienten que han tenido demasiado estímulo en su vida?».

A menudo hago esta pregunta en nuestras clases «lidera con amor» para el entrenamiento del liderazgo en HFE, y nadie levanta nunca la mano. Cada día la vida presenta tantos retos que el estímulo siempre es escaso. Una persona no puede ser animada en exceso.

Expresar bondad es una manera importante en que un líder puede ayudar a los empleados a vencer los retos de la vida. Bondad no significa ser *agradable* todo el tiempo; los líderes deben pedir cuentas a las personas. Sin embargo, amabilidad no significa que animar y dirigir sean dos caras de la misma moneda, y que las palabras de afirmación y apoyo puedan ser infecciosamente eficaces.

- ¿Te sientes demasiado cansado y estresado para animar a otros?
- ¿Temes que las personas puedan sacar ventaja de tu estilo de liderazgo animador?
- ¿Te gustaría aprender a animar mientras sigues motivando a un mejor rendimiento?

4.1

El banquete de fútbol

Yo estaba en último año, y atravesábamos a grandes zancadas los pasillos del colegio Battle Creek Lakeview en nuestro camino a un banquete de fútbol. No recuerdo las palabras que mi entrenador de fútbol pronunció en el banquete esa noche, pero nunca olvidaré la lección que aprendí acerca de la bondad de parte de mi primera entrenadora: mi madre.

Los deportes eran algo grandioso para mí. Jugaba fútbol en el otoño y básquetbol en el invierno, y simultáneamente corría en pista y jugaba béisbol en primavera. Mi colegio era enorme, y era común para las tribunas que hubiera muchos juegos. Si eres un atleta en el campo hay muchas personas observándo*te* desde las gradas, pero no se espera que conozcas a todas *ellas*, ¿verdad?

Pero no es así como mamá veía las cosas. Cuando dimos vuelta a la esquina hacia el salón del banquete esa noche, pasamos a tres jovencitos que obviamente eran alumnos de primer año.

—Hola, Joel —corearon sonriéndonos.

Les hice un gesto vago con la cabeza mientras seguimos adelante, a fin de continuar mi conversación con mi madre.

Jugada equivocada.

Tan pronto como pudo, ella me llevó a un espacio privado, y clavándome uno de sus dedos en el pecho me amonestó.

—Me vas a escuchar, jovencito —advirtió—. Cada vez que te encuentras con alguien tienes la oportunidad de mejorarle o empeorarle su día. ¡Y no creas que les mejoraste el día a esos chicos! Es evidente que ellos te admiran, y debido a quién eres en este colegio tienes una oportunidad, no, más bien una *obligación*, de tratar de hacerles mejor el día, y seguramente no de hacérselos peor.

Quedé estupefacto.

Mis primeros entrenadores en «bondad»: papá y mamá.

Mamá casi nunca se enojaba, ¡y sin duda esta fue la primera vez que me puso el dedo en el pecho! Mientras transcurría el banquete me sosegué, y cuando mi entrenador de fútbol recapitulaba nuestra temporada, mi mente se dirigió hacia lo que mamá me había dicho.

Tomé en serio su mensaje: «Mejorar el día a los demás». Esta fue una fuerte advertencia, y ha seguido resonándome continuamente toda la vida. A partir de ese banquete de fútbol en el colegio he intentado seguir la prescripción de mamá. Al menos, trato genuinamente de reconocer a las personas cuando paso a su lado, ¡no asintiendo a medias con la cabeza! Cuando estoy en un mejor momento, trato de hacer alguna clase de depósito (aunque sea pequeño) en la cuenta bancaria emocional de la persona.

Todos hemos trabajado con líderes que frecuentemente son negativos y que drenan a sus equipos. Esto en especial es prevalente en tiempos que económica y personalmente son difíciles. ¡Pero esos son los momentos en que la bondad es más necesaria que nunca!

En Herschend Family Entertainment, cada día y en cada interacción tratamos de modelar el principio de «hacer mejor el día de las personas». Mejorar el día a alguien es contagioso e incrementa la energía, la eficacia y la productividad en cualquier organización. Incluso cuando los líderes sienten preocupación por lo que yace por delante, debemos proveer impresiones positivas y estímulo si queremos que nuestros equipos prosperen.

¿Perdiste hoy una oportunidad de hacer mejor el día de alguien? No vuelvas a perder esa oportunidad. Eso es liderar con amor.

«Spring Hill o desengaño»

Junio 23, 1994, fue un día cálido y lluvioso en Spring Hill, Tennessee. La escena me parecía algo de la película *Campo de sueños* en que cientos de autos estaban alineados sobre la carretera de grava para ver en el campo de béisbol la figura de Kevin Costner que habían esculpido en un maizal de Iowa. «Si lo construyes, vendrán a jugar en él».

Pero esta escena era aun mayor: más de veinticinco mil autos se alineaban kilómetro tras kilómetro, dirigidos todos hacia una planta automotriz. Casi todos esos vehículos tenían bolas de espuma pegadas en sus antenas que decían: «Spring Hill o desengaño». Completos extraños habían conducido desde toda la nación, unidos por un propósito común. A medida que llegaban y estacionaban sus autos comenzaban a abrazarse, a saludarse y a contar sus historias.

Lo más curioso era que no estaban celebrando a una estrella de rock ni alabando a un candidato presidencial. Estaban así de emocionados acerca de... sus autos. Y no de alguna marca élite o costosa de automóvil como Mercedes-Benz o BMW. No, esta era la escena del Regreso a casa del Saturn, un evento de dueños que atraía a más de cuarenta y tres mil propietarios de Saturn que viajaban a Spring Hill con el fin de recorrer la planta, escuchar conciertos de música country, y divertirse sanamente a la antigua.

Los primeros vehículos Saturn eran sencillos y prácticos. No había motores sobrealimentados que incitaran a entusiastas de la conducción, ni artilugios en el tablero que emocionaran a fanáticos de la tecnología. Lo que inspiró a estos propietarios fue la manera en que los trataron cuando compraron sus vehículos o cuando les prestaron servicio. El Regreso a casa del Saturn era simplemente la oportunidad para los conductores de esta marca de participar su entusiasmo por tener uno de estos vehículos con otras personas que sentían lo mismo.

En noviembre de 1983 la General Motors (GM) anunció una nueva unidad operativa: Saturn Corporation. Esta sería la primera marca nueva desde Chevrolet en 1918. Su misión bastante publicitada era fabricar un auto más pequeño que competiría con los japoneses. Como se creía que los autos más pequeños eran el futuro de la industria, GM entendió la importancia de poder producirlos de manera competitiva.

Desde el inicio, los líderes GM reconocieron que transformar la experiencia de comprar un auto podría ser una clave para el éxito del Saturn. Aunque GM no podía vencer claramente a los japoneses en calidad o precio, esperaba abrir el camino para que la manera en que se vendiera y se prestara servicio a los Saturn fuera irresistiblemente atractiva. Además, teniendo en cuenta lo dolorosa que para muchos estadounidenses era la experiencia de comprar vehículos, el Saturn estaba bien encaminado.

Lanzamiento con amor

Trabajar para Saturn fue una época emocionante. Nuestra marca se etiquetó como: «Un tipo diferente de compañía. Una clase distinta de automóvil». Con el enfoque de «sin complicaciones y sin regateo» en nuestros distribuidores, estábamos llegando al mercado con una orientación revolucionaria. Planificamos adquirir nuevos distribuidores Saturn a fin de vender autos por el precio marcado en la calcomanía de la ventanilla, dar al cliente un precio justo por el vehículo entregado como parte de pago, y proporcionar una tasa justa de interés en los préstamos. No había negociaciones de tira y afloja, y los vendedores deberían tratar a los clientes con confianza y respeto, sencillamente como deseaban ser tratados.

Reclutamos cuidadosamente a doscientos cincuenta distribuidores que entendieran la visión y quisieran tratar a sus clientes en la manera adecuada, cambiando las percepciones negativas de los estadounidenses en relación con la experiencia de comprar vehículos. Los distribuidores adoptaron la visión de Saturn y se apasionaron con ella.

Nunca olvidaré la charla que Skip LeFauve, director general de Saturn, ofreció a todos los empleados y distribuidores. Él manifestó: «Hoy día la lealtad ya no es una función de memorización o deber sino más bien de pasión. Ustedes deben hacer las cosas tan asombrosamente bien que los clientes se conviertan no solo en partidarios sino más bien en apóstoles directos».

LeFauve siguió diciendo: «Queremos cambiar la mala reputación del proceso de compra de vehículos. No más fraudes al cliente, no más tácticas deshonestas, no más tejes y manejes. ¡Quiero que todos ustedes traten al cliente como si fuera *su propia madre* la compradora del vehículo!».

Yo nunca había oído hablar de ese modo en GM. ¿Tratar al cliente como a mi propia madre? Vaya... ¡yo *amaba* a mi madre! El mensaje de LeFauve me conmovió profundamente. Los empleados y distribuidores de Saturn estaban realmente entusiasmados con relación al trabajo. ¡Juntos cambiaríamos toda una industria!

Y en realidad el lanzamiento de Saturn demostró ser uno de los más impresionantes debuts de marca en la historia de la industria automotriz. A los cuatro años Saturn

- era el número dos en total de ventas minoristas en Estados Unidos,
- era el número uno en satisfacción del concesionario según el árbitro principal: J.D. Power and Associates,
- tenía el mayor valor de reventa (porcentaje de precio de etiqueta) de cualquier automóvil en cualquier clase,
- tenía la mayor tasa de retención de clientes en la industria automotriz, y
- tenía las mayores ventas por distribuidor de cualquier marca en la industria.

Sin embargo, la estadística que más significaba para mí, y que más tiene que ver con mi afirmación de que liderar con amor es la mejor manera de dirigir cualquier organización, fue que Saturn era número uno en satisfacción general del cliente. No solo para autos pequeños sino para toda la industria automotriz. Esto fue notable por varias razones. Primera, las ventas de Saturn y el proceso de entrega superaron a marcas de lujo y de altos precios como Infiniti, Lexus y Mercedes-Benz. Es más, Saturn sobrepasó la calificación anterior que alguna vez J.D. Power registrara.

Segunda, más de noventa por ciento de propietarios de Saturn estaban «muy satisfechos» con la manera en que sus autos fueron vendidos y entregados, a pesar de que para la gran mayoría de compradores estadounidenses de vehículos el proceso general de la industria era sumamente desagradable. Los compradores de Saturn comenzaron a exigir el mismo trato a otras marcas, y pronto «saturnizar» se convirtió en un verbo que otras compañías intentaron con varios grados de éxito.

Lo que Saturn estaba consiguiendo era realmente el consejo de mi madre extendido a toda una organización. *Hazles mejor el día*, no porque tengas una necesidad sensiblera de caer bien o de ser compasivo, ¡sino porque funciona! Tuve una perspectiva única de Saturn porque salí del Saturn «empresarial» después del lanzamiento del primer vehículo para dirigir (y en parte poseer) cuatro distribuidores al por menor de esta marca como parte del grupo Serra Automotive. Quise ver al Saturn desde la línea frontal.

Yo había visto el efecto de la firme creencia de Skip LeFauve en la bondad inculcada en los líderes empresariales, en la organización del campo, y en los trabajadores de planta que estaban entusiasmados con sus trabajos. Después de pasar al nivel de concesionario donde literalmente la teoría se convierte en acción, presencié la misma bondad y el mismo entusiasmo. Los propietarios de distribuidores, los Serra, creyeron en la misión y fueron amables y respetuosos con los miembros de sus equipos de ventas y servicio, quienes a su vez trataban bien al cliente.

Más tarde regresé a la sede empresarial de Saturn como un gerente regional para completar mi viaje de ver la bondad viviendo y respirando en cada nivel de Saturn, desde el director general hasta los mecánicos que daban servicio a los autos. La bondad era muy real... ¡y muy eficaz!

La bondad funciona

Por tanto, me paré en medio de la lluvia ese cálido día veraniego en Tennessee y observé a completos extraños abrazarse unos a otros debido a que amaban nuestra marca. Tuve sentimientos surrealistas. Habíamos llegado muy lejos en muy poco tiempo.

Me di cuenta de que estaba experimentando la *esencia* del entusiasmo del cliente y el *resultado* de la bondad.

Los entusiastas del Saturn querían hablar con los técnicos de planta que les habían fabricado sus autos. Pidieron estampar sus nombres en las paredes de ladrillo blanco de la planta. Los habían tratado con confianza y respeto, y nos estaban recompensando con los dólares con que adquirían vehículos. Esto también se tradujo en lealtad: todo aquel con quien yo hablaba quería comprar otro Saturn. Estábamos dando en el blanco.

De esta extraordinaria experiencia aprendí un principio esencial: *el entusiasmo de la experiencia del visitante nunca puede ser superior al entusiasmo de tus propios empleados.*

Los líderes de Saturn estaban apasionados, los empleados de Saturn que visitaban a los concesionarios estaban apasionados, y los concesionarios estaban apasionados, transfiriendo ese entusiasmo a sus propios equipos de venta y técnicos de servicio. Todos estaban listos y preparados para lograr una misión claramente definida; y esta comenzó con la bondad de nuestro líder, Skip LeFauve.

La bondad es un componente crítico del éxito de la organización, pero ser un animador y estar entusiasmado no te convierte en un optimista redomado. No estoy pidiendo que tu organización cante canciones afroamericanas alrededor de una hoguera. La bondad tiene que ver con crear y mantener de manera intencional el ambiente adecuado en tu organización, de tal modo que los empleados puedan ofrecer una experiencia entusiasta a los visitantes. La gerencia es amable con los empleados, estos son amables con los clientes, y los clientes exhiben entusiasmo y se comportan con lealtad. Todo el mundo gana. Sé que esto no es ninguna ciencia, pero es algo difícil de ejecutar y se necesita un interminable enfoque de liderazgo y energía; por eso no son muchas más las organizaciones que lo lleven a cabo.

En mi experiencia en GM anterior a Saturn vi a algunos líderes que desconfiaban de los concesionarios y que no los trataban con la bondad y el respeto debidos. A su vez, vi algunos concesionarios que trataban al personal de ventas como si fueran incompetentes, y a los clientes como objetos maduros para explotación. Los distribuidores de Saturn eran empresarios endurecidos que tenían décadas de experiencia en un modelo comercial viciado, al que después tuvieron la oportunidad de cambiar con bondad; y lo hicieron.

En Herschend Family Entertainment nos enfocamos específicamente en crear una fuerza laboral entusiasta que trate con bondad al cliente final. Sabemos que esto funciona, porque continuamente resultamos clasificados entre los parques más cordiales de la industria. Como parte de su reseña anual, a todos los empleados (incluso a los líderes) se les otorga una calificación de bondad en la que se mide entusiasmo, pasión y estímulo. Empleamos tanto una medición de bondad como una expectativa en toda la empresa de que los líderes demuestren pasión y entusiasmo.

Hacemos todo esto porque establece el tono para la organización entera. La bondad no es un aditamento sino un componente esencial de cualquier organización bien dirigida. La bondad es la raíz del estímulo que luego lleva al entusiasmo, así todo el mundo se beneficia.

4.3

La nota

Yo estaba teniendo particularmente un día malo en 2009. La recesión estaba al máximo, y las cifras de asistencia a nuestros parques iban en la dirección equivocada. También habíamos estado trabajando durante más de un año en dos adquisiciones que no habían prosperado. Como resultado pasábamos nuestras reuniones reduciendo costos, haciendo recortes en gastos de capital, y tomando otras decisiones angustiosas.

Me hallaba en un mal día de un mal mes y de un mal año, y me estaba sintiendo desanimado, luchando por decidir qué hacer para que la situación volviera a tomar la dirección correcta.

Ese día sin entusiasmo abrí el correo, solo para encontrar una nota de Jack. Esta decía:

> Joel, como dijiste, 2009 ha sido un año duro y estoy de acuerdo. En algunos aspectos ha sido un gran año en que tú y tu equipo han demostrado que pueden manejar las cosas durante los momentos más difíciles que tal vez vayas a experimentar el resto de tu carrera. Gracias por la fantástica chaqueta y las palabras amables.
>
> Jack

Esta nota era exactamente lo que yo necesitaba. Me inspiró y nutrió mi necesidad de estímulo. El poder de este ánimo amable me ayudó a redoblar mis esfuerzos por solucionar nuestros problemas y llevar a nuestra compañía en una dirección positiva. Jack no me reprendió por lo que estaba saliendo mal; me animó respecto a lo que estaba saliendo bien.

Por supuesto que eso significaba más horas en la oficina, más cenas familiares perdidas, más viajes, y más distancia entre mi familia y mi trabajo. Entonces, como seis meses después, Marki también recibió una nota de Jack escrita a mano. Mientras nos sentábamos para cenar tarde en la noche, ella me la leyó.

> Queridas Marki, Lauren, Erinn, Jesse y Anna:
>
> En los últimos dos días he tenido el privilegio de observar a su papito proporcionar el más asombroso liderazgo al equipo del presidente. Se trata del tipo de liderazgo que lleva a acciones que agradan a Jesús. Estoy muuuy agradecido de que todas ustedes decidan compartir a su papá con nosotros.
>
> Con aprecio,
> Jack

Marki me comentó: «¡Él es fabuloso! Has trabajado en empresas durante casi treinta años, y yo *nunca* había recibido una carta de uno de tus jefes».

Algunos meses después recibí una oferta muy atractiva de dirigir otra compañía dispuesta a pagarme más del doble de lo que yo estaba ganando en Herschend Family Entertainment. Mientras hablábamos de la posibilidad, Marki expresó: «¿Podrías realmente decirles a Jack, a Peter o a la junta que te vas? Nunca has estado en un ambiente de tanto apoyo, y te encanta lo que haces... ¿por qué habrías de irte?».

Ese fue un consejo sabio de una esposa sensata. La última vez que yo había tomado una decisión de cambiar de trabajo principalmente debido al dinero, el cambio había resultado un desastre. Decidí quedarme, y me alegra haberlo hecho. El dinero no puede comprar alegría en casa, ni pasión en el empleo. Trabajar con un equipo entusiasta y tener el apoyo de colaboradores amables y cariñosos es invaluable.

Cuando poco después de decidir quedarme en HFE recibí otra nota de Jack, me sentí decepcionado respecto a mí mismo. *Jack me ha escrito tres notas* —pensé—, *¡y yo no le he escrito ninguna! ¿Por qué no animo más a las personas?*

¡Anima a las personas!

Un primer motivo de que yo no estuviera animando a otros es que quienes tenemos personalidad tipo A tendemos a preocuparnos tanto con la toma de la próxima colina y con dirigir el ataque siguiente, que olvidamos hacer una pausa y agradecer a las personas que nos están ayudando a llegar allá.

Segundo, casi nunca se modela un estímulo activo, del cual yo solo había visto destellos esporádicos hasta cuando comencé a trabajar en HFE. Incluso antes de entrar al mundo laboral no lo vi a menudo en casa. Mi padre me amaba, y yo sabía que estaba orgulloso de mí, pero no expresaba esos sentimientos en palabras. Él me mostraba su amor trabajando duro para la familia y asistiendo a mis partidos y eventos, lo que yo apreciaba profundamente. Sin embargo, más tarde en mi vida debí *aprender* el poder del estímulo activo.

Llamé a Jack.

—¿Cómo te está yendo? —le pregunté—. Todos estamos ocupados con conflictos y exigencias de nuestra época, ¿cómo entonces pareces siempre escribir la nota perfecta en el momento oportuno?

La respuesta de Jack irradió luz sobre cómo practicar bondad.

—Paso los primeros veinte minutos de mi mañana reflexionando en el día anterior —manifestó—. Pienso en qué conducta vi que se deba alentar, y luego escribo una nota para reforzarla y agradecer.

Toma tiempo para animar

Qué poderoso pensamiento: ¡pasar parte de cada día animando activamente el comportamiento que quieras reforzar! Cuando enfoco mis primeros esfuerzos del día en escribir notas alentadoras me pongo en un estado positivo de ánimo para empezar el día, así que soy un beneficiario junto con mis empleados. Es más, he llegado a creer que se debe ampliar la definición de director general, que corresponde también a un «funcionario principal de estímulo» porque esta es una responsabilidad vital para cualquier ejecutivo.

Cuando recorro los pasillos de las oficinas de nuestros parques veo por todas partes notas de Jack y Peter. Podrían estar enmarcadas en las paredes, pegadas en los bordes de monitores de computadoras, o exhibidas en libros de recuerdos, pero todas se conservan porque todas son especiales.

Animar también puede tomar otras formas: quizás sean palabras de elogio, tiempo de calidad, un pequeño obsequio, o quizás un acto de servicio. Lo importante es que seas un funcionario principal de estímulo para tu organización. La bondad en el contexto de dirigir con amor empieza contigo; el ánimo y el entusiasmo empiezan en lo alto, sea que dirijas la asociación local de padres de familia o una de las compañías Fortune 500.

¿Necesita tu organización que transformes la expresión «estimula por escrito» en algo que se deba esperar? ¿Cómo se sienten las personas después de tener interacción contigo... inspiradas o disminuidas? ¿Inspirará el estímulo activo a tu equipo y brindará emoción a tus clientes? Ser amable empieza contigo y es un atributo clave para liderar con amor. ¿Cómo pasarás los primeros veinte minutos de *tu* día mañana?

El amor es bondadoso
Resumen del capítulo

☑ Sé bondadoso: demuestra estímulo y entusiasmo.

☑ El entusiasmo de la experiencia del visitante nunca puede ser superior al entusiasmo de tus empleados.
- La bondad, el ánimo y el entusiasmo comienzan en lo alto.
- Cuando un líder es amable influirá en los empleados de primera línea que interactúan directamente con los clientes.

☑ Haz mejor el día de las personas.
- Cada vez que te contactas con alguien puedes hacer mejor o peor el día de esa persona, así que hazlo mejor.
- Hacer «mejor» un día a veces requiere muy poca acción o poco esfuerzo.

☑ Elogia a las personas.
- Sal del correo electrónico común y escribe notas de agradecimiento a mano.
- Empieza cada día reflexionando en el día anterior, pensando en lo que deseas reforzar. Piensa también en escribir notas de apoyo a los cónyuges de quienes trabajan para ti.
- Director general equivale a funcionario principal de estímulo. Todos podemos ser esta clase de líder.

5

EL AMOR ES CONFIADO

DEPOSITAR CONFIANZA EN ALGUIEN

Nunca somos más vulnerables que cuando confiamos en alguien; pero paradójicamente, si no podemos confiar tampoco podemos hallar amor o gozo.

Walter Anderson

Jack y Peter Herschend tomaron hace mucho tiempo la decisión de confiar en la gente hasta que se demuestre lo contrario. Confiar en las personas es una decisión que tomamos, una decisión que obedece a cómo vemos la vida. Puesto que la confianza está en el centro de las relaciones sanas, tanto los negocios como los individuos florecen en una atmósfera de confianza.

Es verdad que algunas personas no son confiables. Pero para convertirse en un gran líder es necesario suponer lo mejor de cada individuo. Confiar en la gente con la que trabajamos es crucial para construir una atmósfera de moral positiva y de buen rendimiento. La confianza puede asumir varias formas, y algunas te sorprenderán, pero el resultado final es que los líderes de éxito entienden y activan la confianza de manera regular.

- ¿Quisieras saber cómo crear un ambiente más confiable en tu organización?
- ¿Has considerado alguna vez que no prestar atención cuando te hablan es una señal de desconfianza?
- ¿Cómo puedes permanecer apasionado y comprometido mientras no se presenten señales de desconfianza por control excesivo?
- ¿Qué tal que la confianza pudiera influir día a día en tu trabajo?

5.1

La señorita Pray

L a señorita Pray fue mi maestra de séptimo grado en Woodrow Junior High School de Battle Creek, Michigan. Para ese entonces ella tenía cerca de setenta años, pero era muy lista. El espeso cabello blanco siempre estaba perfectamente arreglado y tenía la piel tirante a través de sus fuertes pómulos. La maestra era intensa, partidaria de la disciplina, y prefería no sonreír mucho. Yo la amaba, pues era una maravillosa instructora.

Un día mamá y yo asistimos a la reunión de padres y profesores junto con la señorita Pray. No era normal que el alumno asistiera, pero mi maestra había solicitado mi presencia. Supuse que iba a ser una gran reunión. Quizás ella me daría cierta clase de condecoración; después de todo, tanto mis calificaciones como mi asistencia eran perfectas.

La señorita Pray comenzó la reunión hablando directamente a mi madre y explicándole que yo era un excelente estudiante. Dijo que yo captaba las ideas rápidamente y que podía aplicarlas en varias situaciones. Apreciaba mi atención, mi asistencia y mi conducta mientras ella enseñaba. Las cosas estaban saliendo como yo había esperado.

De repente mis ojos se abrieron de par en par cuando la señorita Pray expresó: «Sra. Manby, quise que Joel estuviera aquí para que juntos analizáramos un asunto. Me gustaría hablar con él directamente, pero quise que usted estuviera presente para que oyera mis palabras y ayudara a Joel a convertirse en mejor persona».

Cuarenta años después, aún se me abre un hoyo en el estómago al pensar en esa conversación, la que llegó como una sorpresa sin que yo tuviera la menor idea de lo que la señorita Pray iba a decir.

Señorita Pray, mentora
en ser buen oyente

Me miró directamente. «Joel, eres un líder dotado. He visto a muchos atravesar estos pasillos, y tú estás en la cima de tu capacidad para ganar la confianza de las personas, tomar el control de una situación, movilizar a quienes te rodean, y lograr que las cosas se hagan».

Aún me preguntaba a dónde se dirigía todo esto. Hasta aquí todo se oía muy bien, pero yo sabía que venía algo más. La señorita Pray continuó: «Sin embargo, eres alguien que no sabe escuchar. He observado que te haces cargo de un proyecto de grupo en la clase cuando ni siquiera se te ha designado como líder. Luego, y eso es lo peor, no escuchas a los otros en el grupo cuando intentan hablar. Los interrumpes y a menudo les cortas».

La maestra no había terminado. «También te he visto en el campo de kickbol durante las competencias deportivas. No eres el capitán, pero te haces cargo y no escuchas a los demás... simplemente los diriges hacia dónde ir. Tu amigo Jeff estuvo muy enojado porque no le escuchaste las ideas acerca de quién debería jugar y en qué posición».

Cuando la veracidad de sus palabras comenzaba a calar en mí, la señorita Pray hizo su declaración final. «Joel, cuando no escuchas a los demás envías un mensaje muy negativo y poco favorecedor. Les estás diciendo que no son importantes. Les estás comunicando que eres mejor que ellos. Tienes la habilidad natural para ser un gran líder, pero vas a tener que corregir tus habilidades para escuchar o tendrás limitaciones en lo lejos que puedas llegar».

Me quedé allí sentado en silencio, un poco aturdido. Me sentía muy mal, y en el fondo yo sabía que la evaluación de la maestra era correcta. Mamá le agradeció por su interés y preocupación, y salimos. Nunca olvidaré ese día. La señorita Pray se preocupó por pedirme que asistiera, y eso me hizo un mejor líder en el futuro. Yo estaba fallando en confiar en mis compañeros y amigos, y esa falla habría paralizado mi capacidad de liderar.

Confía en mí

La señorita Pray tenía razón. Cuando interrumpimos o respondemos sin tomar en cuenta lo que los demás han dicho enviamos varios mensajes... ninguno de ellos es bueno:

- Mi idea es más importante que la tuya, por tanto no tengo por qué oírte.
- Interrumpirte está bien porque tu respuesta no es muy importante.
- No te estoy escuchando porque ya estoy preparando mi respuesta.

La verdad es esta: *interrumpir es una señal de desconfianza.*

Esa es una afirmación fuerte, pero es innegable. Los líderes impetuosos que a menudo interrumpen siempre justificarán su conducta. «Ya sé a dónde se dirige esa persona, y quiero ahorrar tiempo». O, «resulta que soy muy eficiente y no tengo tiempo para perder». Si la interrupción se ve como simplemente ser grosero, muchos líderes no creerán que deban cambiar en esto, pues un poco de grosería no es el fin del mundo. No obstante, cuando los líderes comprenden que interrumpir a otros demuestra una falta de confianza, la noción de las interrupciones adquiere especial importancia.

¿Te califican tus empleados o colaboradores como un buen o mal oyente? ¿Dirían que escuchas sin interrumpir? ¿Dirían que los escuchas? Si luchas en relación con escuchar bien, igual que yo hice al inicio de mi vida y mi carrera, estos pasos sencillos pueden ayudarte:

1. No digas: «Entiendo cómo te sientes, pero...». La mayoría de las personas no sentirán que las entiendes, especialmente si menosprecias sus ideas y de inmediato cambias de dirección.

2. En vez de eso, resume lo que has oído. Si realmente confías en las personas, ellas estarán de acuerdo con tu resumen y sentirán que les has prestado un justo oído a sus ideas.

3. Si vas en una dirección distinta, explica la razón. Trata siempre de exponer tu lógica cuando difieres con alguien de tu equipo. Quizás esta persona no esté de acuerdo, y eso está bien, pero así todos sabrán lo que los demás piensan.

Ser buen oyente es esencial porque demuestra confianza y hace que en el equipo surja una sensación de camaradería y cohesión. No saber escuchar es más que grosería perdonable: constituye una brecha en la confianza y no una cualidad de liderar con amor.

5.2

Gene

He entrevistado a centenares de personas en mis más de treinta años en los negocios, y he visto casi toda situación imaginable. Sin embargo, durante el almuerzo con Gene, a quien entrevistaba para un cargo importante de liderazgo en Herschend Family Entertainment, vi algo nuevo.

Nuestro almuerzo iba muy bien. El hombre estaba trabajando para un competidor más grande, y era evidente que conocía su esfera de especialización. No solo eso, sino que parecía gustarle nuestra dirección, nuestra estrategia de crecimiento y nuestra cultura. No obstante, mientras caminábamos yo no lograba entender por qué Gene estaba interesado en unirse al equipo HFE. Él ya tenía un gran trabajo en el que le pagaban muy bien, y unirse a nosotros tal vez le exigiría menores ingresos y mudarse con su familia.

—Gene, no necesitas comunicarme nada más respecto a tus capacidades —comenté—. Es claro que tienes las habilidades y el ímpetu que necesitamos. Sin embargo, ¿por qué quieres dejar la compañía con la que trabajas?

Me miró, y los ojos se le inundaron de lágrimas.

—Ellos cortaron una tercera parte de mi equipo en un despido masivo —contestó con voz temblorosa, hizo una pausa, y luego siguió hablando lentamente—. Y ni siquiera pidieron mi opinión. No confiaron lo suficiente en mí para preguntarme.

Luego Gene se quedó en silencio. Ya no pudo seguir hablando sin llorar.

Los líderes perdieron la confianza de este hombre debido a que tomaron una decisión importante sin consultarlo. Él deseaba salir de su empresa a causa de una falta de confianza. Una de las mejores maneras en que un líder puede demostrar confianza y respeto es escuchar y hacer que los miembros del equipo participen en las decisiones que afectan a estos últimos.

Anillo de confianza de Saturn

He visto lo bueno, lo malo y lo feo en relación a incluir a otros en decisiones que los afectan. Mucho antes de reunirme con Gene vi materializarse este principio con los trabajadores de primera línea en la industria automotriz, tanto para bien como para mal. Involucrarlos en decisiones que los afectan no es solamente para líderes principales; se aplica a todos los niveles empresariales. Por ejemplo en Saturn, cuyos valores fundamentales establecidos incluyen confianza y respeto por los demás, había una tremenda relación entre los trabajadores del sindicato en la planta y el personal administrativo no sindicalizado.

Los representantes de UAW en la junta directiva de Saturn, así como la participación del sindicato en Saturn, fueron críticos en la estrategia de nivel de junta para las decisiones acerca de la planta de producción en Spring Hill. Los miembros de UAW se esforzaban y eran diligentes y entusiastas. Querían, igual que el liderazgo, que Saturn tuviera éxito. La confianza en el trabajo se extendía más allá de las horas laborales, pues hasta pasábamos tiempo juntos en situaciones sociales.

Las personas quieren participar en aquellas decisiones que las afectan porque entienden que la participación es una señal de confianza de parte del liderazgo.

Esto no siempre significa que las decisiones las tome un comité en el que participe toda la organización, pero quienes se ven afectados por cualquier decisión al menos deben disfrutar de alguna aportación, y también deben poder entender por qué se toma tal decisión.

Claramente recuerdo una reunión de junta directiva en Saturn en la que presenté nuestra estrategia de lanzamiento ante cerca de diecisiete personas, una combinación de líderes de Saturn y de UAW. Mientras hacía mi presentación me di cuenta de que no conocía a varios de los asistentes. Aún recuerdo que pensé: *no sé quién es quién aquí, administración o sindicato.*

Yo estaba impresionado. Ninguno usaba corbata, todos vestían igual, y todos los miembros de la junta eran igualmente enérgicos y hacían buenas preguntas. Era evidente que las decisiones se estaban tomando como un equipo en medio de un ambiente de confianza. Eso se tradujo en trabajadores más felices y entusiastas en todos los niveles, y en una empresa próspera, lo que demuestra que la confianza rinde dividendos.

Desconfianza en una planta de camiones GM

Comparemos mi experiencia en Saturn con lo que vi en mi trabajo al salir de la universidad. Yo era el encargado de la planta en una fábrica de camiones GM en Pontiac, Michigan. Esta fue una experiencia horrible pero valiosa.

Allí la división entre el sindicato y los líderes principales era profunda. La relación del sindicato con la administración era de confrontación. Esta animosidad se había construido en décadas y hasta pasaba de generación en generación. Todos los administrativos debían usar corbata y camisa blanca en la planta, mientras que los sindicalizados usaban pantalones de mezclilla o ropa de protección.

Los sindicalizados nos llamaban «trajes» y tenían poco deseo de interactuar con los administrativos en alguna manera. Sentí que no me darían ninguna oportunidad de conocerlos porque mi corbata me marcaba como un enemigo. Sospeché que me odiaban aun antes de que dijera mi primera palabra.

Algunos miembros de mi equipo de producción se emborrachaban en el almuerzo y usaban sus tiempos de descanso para dormir en grandes cajas de cartón en la parte trasera de la planta, y a menudo no salían a tiempo de los descansos, ¡si es que salían! Presencié continuamente la falta de respeto con la que los trabajadores acudían a sus trabajos.

Un sábado, después de haber tenido escasez de trabajadores durante toda la semana, planifiqué ir a jugar golf para alejarme de todo. Imagina mi sorpresa cuando un jugador asignado a nuestro cuarteto resultó ser uno de los trabajadores de mi línea... el mismo hombre que no había ido a trabajar durante mucho tiempo por discapacidad, y que había llevado una nota de su médico en que afirmaba no poder laborar debido a sus graves dolores de cabeza. Los dolores de cabeza del individuo parecían haberse curado mientras bromeaba junto con sus compañeros en el primer tee.

Cuando me vio subir, se burló y manifestó: «Habla con mi representante sindical el lunes».

¡Decidí esperar el siguiente turno para jugar!

Detesté mi experiencia en esa planta y no veía la hora de renunciar. Recuerda que eso ocurrió hace treinta años en una planta aislada. Sin embargo, desde entonces me he preguntado acerca de la causa de ese ambiente laboral tóxico. ¿Eran siempre esos trabajadores tan recelosos y apáticos, o se había formado su actitud con el tiempo a través de decisiones tomadas por la administración?

Una cosa es clara respecto a mi tiempo en esa planta: las decisiones se tomaban *para* los trabajadores y no *con* ellos. ¿Cuál era la diferencia entre eso y Saturn? Después de todo, se trataba del mismo sindicato con diferentes resultados, la misma clase de individuos con distinta ética laboral.

Confianza.

Las decisiones en Saturn se tomaban *con* el sindicato. Las decisiones en la planta de camiones se tomaban *para* el sindicato. Todas las partes implicadas en Saturn se consultaban y se escuchaban. En la planta de camiones simplemente se esperaba que todos los trabajadores obedecieran.

El resultado de esa confianza era que en Saturn había verdadera armonía entre la fuerza laboral y los directivos, una armonía que llevó a la fabricación de un producto querido que se convirtió en un éxito entre los compradores de automóviles estadounidenses. La historia de por qué Saturn no duró dentro de la jerarquía de GM es un cuento largo y para un momento diferente, un ejemplo de fallas de liderazgo dado el tremendo éxito inicial de Saturn.

No obstante, las lecciones positivas de Saturn deberían recordarse y usarse a fin de transformar y mejorar nuestras empresas hoy día. Si queremos que nuestras organizaciones muestren confianza y respeto debemos asegurarnos de que todos tomen parte en las decisiones que los afectan. Las mejores decisiones se toman siempre *con*, no *para*, y mostrar esa clase de confianza es un verdadero atributo de liderar con amor.

5.3

Una herramienta para la confianza

Decidir que las personas deban participar en las decisiones que las afectan es la parte «fácil»; lo más difícil es asegurar que en las decisiones participen las personas *correctas* y luego comunicar claramente las decisiones a todos los afectados.

El mejor método que he visto para clarificar este proceso a veces mundano se puede recordar por la interesante sigla RACI.

He aquí cómo funciona RACI. Empieza identificando quién es *responsable* por la decisión. Después de recibir toda la aportación disponible y de realizar los análisis requeridos, es esta parte la que realmente debe decidir. Lo que viene a continuación en el proceso es quién *aprueba* cualquier decisión que se tome. Esta parte debe ratificar que la decisión es sabia y adecuada. Sin embargo, antes de que la decisión se vuelva definitiva es necesario *consultar* a quienes resulten directamente afectados por la decisión. Los implicados podrían estar en otros departamentos o sucursales de la organización, pero la confianza dictamina que se les consulte. Finalmente, la organización debe hallar la mejor manera de *informar* al resto del equipo: quienes tal vez no se vean directamente afectados pero que se les debe «tener en cuenta».

Este modelo sencillo es fácil de comprender y de usar, no obstante muchos líderes no dedican tiempo para definir específicamente por adelantado los cuatro elementos de RACI; e incluso si lo hacen, no siempre se aseguran de que se los ponga en práctica. Es esencial definir las decisiones clave de una compañía de modo que las personas o los equipos correctos estén implicados en todos los niveles de jerarquía

RACI; este *siempre* es tiempo bien invertido, porque levanta confianza y por tanto eficacia en cada nivel de una organización.

La primera vez que llegué a Herschend Family Entertainment, el proceso RACI fue sumamente útil. Cuando éramos pequeños estábamos totalmente descentralizados, casi sin ningún procedimiento común entre parques. Nuestras estructuras salariales eran diferentes y las prestaciones variadas, además comprábamos a los mismos proveedores sin ninguna consolidación en ahorro de costos. Por tanto, siempre que decidíamos centralizar, ya fuera para aumentar calidad o disminuir costos, debimos emplear el método RACI para asegurar que los parques se sintieran tomados en cuenta en las decisiones que antes tomaban por sí mismos. Ellos debían entender por qué estábamos tomando las decisiones y también sentir que eran socios confiables en el proceso.

El cuadro siguiente es un gráfico actual usado en HFE para la toma de decisiones en beneficio de los empleados, y es un ejemplo sencillo de cómo usar RACI:

Función	R Responsabilidad	A Aprobación	C Consulta	I Información
	Posee la recomendación «El ejecutor»	Posee la decisión «Asume la responsabilidad»	Debería consultársele «Mantenerlos al tanto»	Se le debe informar «Debe tenérsele en cuenta»
HFE beneficia el contenido del paquete	HFE empresarial beneficia al equipo	HFE beneficia al comité asesor	A directores de propiedad y RRHH empresariales HFE	A todos los empleados HFE

En este ejemplo disponíamos de una cantidad específica de dinero que estábamos dispuestos a gastar en beneficios. En lugar de que el equipo empresarial HFE tomara la decisión por su cuenta con relación a qué cortar o añadir a nuestro paquete de beneficios, se gastó mucho tiempo consultando con los directores de la propiedad HFE para asegurar que alcanzáramos el paquete de mayor valor para nuestros empleados. Aunque terminamos gastando menos en beneficios debido a limitaciones presupuestarias, recortamos las partes menos importantes y pudimos agregar mejores iniciativas de bienestar, así como la creciente flexibilidad de tiempo libre que nuestros empleados querían. Como resultado obtuvimos una mejor respuesta de nuestros empleados, porque confiamos en que nuestros líderes de propiedad tomarían la mejor decisión para los empleados locales.

Al usar este enfoque RACI hemos podido pasar con eficacia de haber estado totalmente descentralizados a centralizar las decisiones cuando esto tiene sentido. En nuestra experiencia, si los diferentes equipos o propiedades HFE comprenden que son parte del proceso de toma de decisiones, y también conocen el papel que están representando, el método suaviza gran parte de la confusión, las malas decisiones y los sentimientos de dolor a lo largo del camino.

Eficiencia contra eficacia

Aunque la toma autocrática de decisiones es más rápida, y por tanto mucho más eficiente, casi siempre es menos eficaz porque quizás haya otros en la organización que no apoyarán las decisiones. Como resultado, en sus maneras únicas los miembros del equipo pueden ayudar en «hacerlas fracasar», y sin duda no serán tan enérgicos respecto a decisiones unilaterales. Un líder puede decidir algo, pero es toda la organización la que debe ejecutarlo.

Usar RACI para implicar a otros en decisiones que los afecten prolongará a veces la toma de la decisión. No obstante, cuando los miembros del equipo saben que se confía lo suficiente en ellos como para que sean parte del proceso de toma de decisiones por adelantado, su apoyo a la decisión será más firme, y la implementación respectiva será más rápida y más eficaz.

Creemos que deseamos organizaciones eficientes, pero en realidad lo que queremos es organizaciones *eficaces*.

Decisiones tomadas de manera autocrática

Tiempo para tomar la decisión	Tiempo de implementación

Decisiones tomadas por los afectados

Tiempo para tomar la decisión	Tiempo de implementación

Lo que asombra respecto a la confianza es que puede ser tanto efectiva como eficaz. El tiempo total requerido para *decidir* y para *implementar* es en realidad más corto cuando hacemos que los miembros necesarios del equipo participen. Este constituye un beneficio inesperado de confianza en el liderazgo. Cuando las personas no están implicadas en las decisiones que las afectan, la aplicación puede marchar a paso de tortuga, y puede requerir más tiempo y recursos que en un proceso totalmente informado de toma de decisiones.

Sin confianza no se puede liderar con amor. Confía en tu equipo, y tu equipo confiará en ti. Usar un cuadro RACI te ayudará a lograrlo, y ayudará a que tu organización prospere en el proceso.

El presidente

Nelson Schwab es el actual presidente de Herschend Family Entertainment, cargo que asumió cuando yo me convertí en director general en 2003 (HFE requiere que el presidente no ejecutivo de la junta y el director general sean dos personas distintas). Él es un gran líder con una sólida trayectoria y una aguda mentalidad comercial, y gran parte del éxito de HFE se puede atribuir a la presencia constante de él durante más de un cuarto de siglo.

Nelson también es un líder que entiende el valor de la confianza. Como inteligente y capaz que es, me deja tomar las decisiones de las que soy responsable. Cuando hablamos, me brinda su aporte, pero siempre me clarifica que tal o cual cosa es mi decisión. Por otra parte, tengo tanto respeto por la experiencia y la sabiduría de Nelson, que sería imprudente hacer caso omiso a su aporte; ¡la confianza funciona en ambos sentidos!

Hace aproximadamente un año estábamos pensando en dividir a HFE en dos entidades. Una estaría orientada en el crecimiento y en asumir más deudas para adquirir propiedades, mientras que la otra sería más conservadora y mantendría bajo el nivel de endeudamiento. Esto permitiría a los accionistas invertir en la entidad con la que se sintieran más tranquilos. Se trataba de una transacción compleja con múltiples y complicados problemas fiscales.

Nelson y yo analizábamos telefónicamente el proyecto, cuando me dijo: «Aplaudo a Andrew (nuestro gerente financiero) y a ti por presentar esta idea. Es algo complejo, así que obtén la mejor opinión disponible en asuntos de impuestos. Además, habla con los representantes de las familias en la junta para asegurarnos de que esto les brinda tranquilidad. Considera también el peor de los escenarios y asegúrate de poder vivir con ello. Una vez que tengas tu recomendación, analicémosla en la reunión de la junta».

Tu recomendación.

¡Qué pensamiento liberador! Sin embargo, el vigor que Nelson puso y las preguntas que hizo, me dieron a entender su opinión de que la idea representaba un paso demasiado grande para la etapa en que la compañía se hallaba. Aun así, el hombre no me bloqueó; me permitió hacer la recomendación.

El consejo dio en el blanco. Las dos mejores firmas de abogados en Atlanta estaban divididas en cuanto a la posibilidad de superar los asuntos negativos de impuestos... una enorme bandera roja.

Cuando hablé con los varios miembros de las familias en la reunión de accionistas me di cuenta de que todos estaban tratando de ser solidarios; no obstante, una sensación de nerviosismo acerca del peor de los escenarios llenaba el ambiente. Otra bandera roja.

Así que, después de toda nuestra debida cautela, Andrew y yo recomendamos posponer la división de HFE. A lo largo del camino hicimos participar a las personas correctas antes de hacer nuestra recomendación. Si Nelson me hubiera bloqueado inmediatamente, como es posible que él sintiera hacer, yo me habría preguntado siempre si perdimos una gran oportunidad de crecer con mayor rapidez de la que nuestra actual estructura permite. RACI, y confianza, son las claves para tomar decisiones eficaces.

En los años que he trabajado con Nelson, Jack y Peter, he aprendido al menos dos puntos clave de estos tres hombres respecto a la confiada toma de decisiones:

1. *Dejar que los demás tomen la decisión por la cual son responsables.* Un líder debe escoger de forma cuidadosa cuándo intervenir y participar en los detalles de la toma de decisiones. Si lo hace muy a menudo, mostrará falta de confianza, y si el equipo es talentoso sentirá la desconfianza del líder e incluso podría irse de la empresa.

2. *Evitar que se rechacen las decisiones tomadas.* Es evidente
    que si el aspecto negativo del error potencial es muy
    costoso o pone en riesgo a la organización, un líder debe
    intervenir. Sin embargo, día tras día se pueden resolver
    muchos problemas y asuntos usando enfoques menos
    intervencionistas. Los líderes confiables deben permitir
    que las personas realicen su trabajo, encuentren sus
    propias soluciones, y hasta cometan errores ocasionales
    que las lleven a aprender.

Por desgracia, no todos los líderes tienen integridad, y algunos
han defraudado o defraudarán nuestra confianza. Aun así, ser un gran
líder en cualquier organización empieza con una hipótesis acerca de
los seres humanos: ¿confías o no en ellos? Si inherentemente confías
en otros y crees que desean hacer lo mejor que pueden y que van a
mejorar su trabajo, te puedes convertir en un gran líder... siempre y
cuando contrates emprendedores talentosos.

Si inherentemente desconfías de los demás y crees que están
tratando de hacer lo menos posible, o simplemente de hacer lo suficiente para sobrevivir, será difícil liderar. Ese liderazgo desconfiado
dará lugar a bajo rendimiento y alta rotación.

Cada vez que entrevisto a un líder potencial, siempre le pregunto:
«¿Confías en que los empleados se esforzarán siempre al máximo?».

Si contesta algo así: «Creo que las personas siempre se aprove-
charán de ti si no los observas» o «Me gusta controlar de cerca a mi
equipo», termino la entrevista tan rápido como me sea posible. Esa
no es la clase de líder que deseo que trabaje para mí o que represente
a HFE.

La confianza es la clave para cualquier relación sana, sea en casa,
en los negocios o en una organización. Si confiamos o queremos
confiar más en otros, escucharemos debidamente, implicaremos a
nuestro equipo en decisiones que los afectan, y confiaremos en que
tomarán las decisiones por las que se les paga.

Liderar con amor es imposible si no confías en las personas. Y cuando realmente confías en otros, liderar será más eficaz que nunca.

El amor es confiado
Resumen del capítulo

☑ Confía: deposita confianza en alguien.

☑ Escuchar cuidadosamente es una señal de confianza. Interrumpir a las personas es una señal de desconfianza.

☑ RACI es una herramienta de confianza para involucrar a otros en las decisiones que los afectan.
- Úsala para clarificar quién debe participar en una decisión.
- Aunque hacer participar a los afectados en una decisión podría llevar más tiempo que una decisión autocrática, el tiempo total que llevaría la implementación por lo general será más corto.

☑ No solo *definas* el proceso de la decisión, *síguelo*.
- Deja que otros tomen las decisiones por las que son responsables.
- Evita rechazar una decisión que ya se ha tomado, a menos que sea absolutamente necesario.

6

EL AMOR ES GENEROSO

PENSAR MENOS EN SÍ MISMO

Estar en el poder es como ser una dama. Si tienes que recordárselo a los demás, no lo eres.

Margaret Thatcher

Ser generoso no significa pensar menos *de* ti, sino pensar menos *en* ti. Cuando eres egoísta insistes en tu propia manera de actuar en cada decisión porque estás pensando en ti. La desafortunada realidad es que todos somos egoístas hasta cierto punto; así es la naturaleza humana. ¿Existe alguien más egoísta que un bebé?

Lo que importa entonces es madurar. Ningún líder debe seguir tomando decisiones «de bebé», sino que debe esforzarse por alcanzar un estilo maduro y desinteresado de liderazgo. ¿No es esa la clase de líder al que te gustaría seguir?

El camino difícil de la vida es pasar de un corazón *egoísta* a uno de *servicio*. Nos volvemos adultos maduros cuando entendemos finalmente que nuestras organizaciones, igual que nuestras vidas, tienen que ver más con lo que damos que con lo que obtenemos.

Los líderes egoístas tienen que recordarle a la gente que ellos son los que tienen el poder, y les gusta aferrarse al poder en lugar de desprenderse de él. Son egoístas con sus bienes, su tiempo y su talento, y todos los días llevan consigo ese corazón egoísta al trabajo. Esas organizaciones, y las personas que trabajan allí, resultan siempre en peor situación. No obstante, un líder desinteresado literalmente puede transformar una organización. Lo he visto suceder.

- ¿Das con generosidad de tu tiempo, tu dinero y tu talento personal?
- ¿Has deseado alguna vez actuar menos pensando en ti y más pensando en tu equipo?
- ¿Has considerado la relación entre el desinterés personal y la generosidad empresarial?
- ¿Te parece tan abrumador ayudar a todos que no ayudas a nadie?

6.1

Glenn

Era una ardiente noche de verano en Battle Creek, y el campeonato de la liga de béisbol de menores de doce años de la ciudad estaba llevándose a cabo en Greenfield Park. Las tribunas estaban repletas de padres animadores. Dos bateadores ponchados, bases llenas, y mi equipo perdía por dos carreras al final de la última entrada.

Imagina quién entraba a batear.

Me habían ponchado en los dos turnos anteriores al bate, así que yo no estaba precisamente lleno de confianza, pero el lanzador contrario acababa de dejar pasar a un bateador para llenar las bases. Entonces me dije: «Solo haré contacto sin batear demasiado fuerte... él va a lanzar un strike».

El primer lanzamiento venía exactamente por el medio, y bateé.

¡Crac!

¡Hice contacto sólido e impulsé la bola por sobre la valla y sobre el parabrisas de un auto desprevenido! Mi jonrón con las bases llenas dio la victoria al partido por 7 a 5 y ganamos el campeonato. Sentí que flotaba en el aire mientras recorría las bases.

Nuestro equipo decidió celebrar en A&W con refrescos y helado. Pero papá me sorprendió cuando manifestó: «Lo siento, no podemos ir... tengo que ir a casa a segar el césped».

Eso fue todo lo que dijo. Yo estaba sumamente disgustado y desilusionado, pero no dije nada por temor a meterme en problemas. Subimos al auto y fuimos en una dirección mientras el resto del equipo salía a celebrar.

Ese fue un viaje en silencio a casa.

Maquinaria Agrícola Manby en Battle Creek, Michigan (c. 1965).

Cuando fui a dormir esa noche, mamá entró a mi habitación para darme las buenas noches.

—Sabes que tu padre está muy orgulloso de ti —comentó viéndome el rostro lleno de lágrimas—. Hiciste una gran labor en ese partido.

—¿Por qué papá no me quiere? —pregunté, mirándola—. ¿Por qué no me llevó a festejar con todos los demás?

Nunca olvidaré la respuesta de mamá.

—Joel, tu padre tiene un rol de pagos que cumplir mañana en el negocio, y no le sobra dinero. Tiene que pagar al personal. La situación está muy difícil ahora. Tu papá se siente mal. Le es muy difícil hablar de esto, pero el negocio no está andando bien, y él está haciendo lo mejor que puede.

Esa fue la primera vez que comprendí lo mal que económicamente estaban las cosas para nuestra familia. Papá poseía y manejaba un negocio agrícola de Oliver en Battle Creek llamado Manby Farm Machinery. Él era muy trabajador, pero Oliver no estaba en condiciones de competir con John Deere, y además una fusión general de pequeños distribuidores de maquinaria agrícola en los estados centrales también actuaba en su contra.

Más tarde descubrí que durante ese período papá solo podía traer a casa alrededor de cincuenta dólares a la semana porque al concesionario le estaba yendo mal. Incluso a mediados de la década de los sesenta, dos mil seiscientos dólares al año eran totalmente insuficientes. Pero mi padre se negó a pedir ayuda al gobierno, por lo que luchamos hasta que el negocio cerró.

Generosidad personal

Desde niño tuve el claro entendimiento de que papá era generoso, él daba todo lo que tenía porque las cosas funcionaran económicamente. Nunca tuvo tiempo para pasatiempos ni tuvo muchos amigos. Simplemente trabajaba.

Sin embargo, nunca supe la magnitud de su abnegación hasta después de que muriera de cáncer a los ochenta años de edad. Después del funeral tuvimos en la casa de mi infancia una reunión en que participaron familiares y amigos íntimos. Historia tras historia acerca de papá salían a relucir, cambiando para siempre la manera en que yo entendería su generosidad. Nunca antes había oído muchas de las historias, y las anécdotas revelaban el corazón amoroso, el espíritu afable y la ética laboral de mi padre.

El hermano de papá, tío Bob, nos contó que en la Segunda Guerra Mundial tanto él como mi padre se enrolaron. Sin embargo, después del entrenamiento básico enviaron a papá a trabajar en la granja familiar porque los militares consideraron que generar cosechas representaba el más alto y mejor uso que podían hacer de mi padre.

Su hermana Jean tomó la palabra.

—Tu papá se sentía culpable por haber sido enviado a trabajar en la granja. Él sabía que su hermano estaba peleando en la guerra, y tu padre sentía que debía hacer algo para compensar la situación.

Jean hizo una pausa de algunos minutos.

—John trabajaba más que tres hombres normales —continuó diciendo mi tía—. Trabajaba por sí solo en la granja de treinta hectáreas plantando, cosechando y cuidando las vacas. Nuestro padre estaba demasiado enfermo, y yo no era de mucha ayuda.

Prácticamente se mataba trabajando para que la granja produjera. Nunca he visto a nadie que trabaje tan duro y por tanto tiempo.

A medida que mi tía recordaba, en mi memoria se agolpaban otras imágenes de mi niñez.

Después de trabajar un largo día, mi padre solía quitar gratis la nieve de la entrada de nuestra vecina debido a que el esposo de ella había muerto en un accidente industrial. Papá no tenía mucho dinero para dar a otros, pero era generoso con lo que tenía: sus horas y su tractor Oliver 55.

Entonces sonó el timbre de la puerta, y abrí para toparme con Glenn, el único empleado de mi padre hacia el final de la existencia de la distribución de Oliver. Glenn había venido a contarnos toda una historia.

—Trabajé duro como mecánico para el padre de ustedes —nos comunicó—. Quince años en total. Pero por mucho que lo intentamos, no pudimos mantener abiertas las puertas del negocio.

Glenn hizo una pausa.

—Después de que cerráramos para bien, su padre hizo algo increíble —continuó el hombre—. Yo sabía cuán quebrado estaba John, y las cosas eran tan difíciles para él como para mí; pero siguió pagándome durante más de tres meses hasta que encontré otro empleo. Me ayudó a sobrevivir durante épocas muy difíciles. Él era un gran hombre. Era generoso, y se preocupaba por la gente. Desde entonces he trabajado en muchos lugares, pero quiero que todos ustedes, chicos, sepan que nunca he hallado un hombre más admirable para quien trabajar.

Pensé profundamente en lo que Glenn había dicho. El sueño de papá era levantar un negocio viable, y lo persiguió trabajando seis o siete días por semana durante años, de sol a sol, tratando de hacer que el almacén funcionara incluso después de que el cierre fuera inevitable. Una vez cerrado, no tuvimos fuente de ingreso, y papá tardó seis meses en conseguir trabajo como obrero de fábrica. No obstante, sentía tal obligación con el hombre a quien había empleado que de sus irrisorios ahorros siguió pagándole a Glenn hasta que este encontró otro trabajo.

Este soy yo en la segadora de césped con Glenn (izquierda) y mi padre al frente de Manby Farm Machinery.

Da hasta que sea de ayuda

Mi padre era la definición de generosidad. Se interesaba tanto en otras personas que renunciaba a sus propios recursos para ayudarles. Era generoso y compasivo, y hasta el día de hoy espero seguir su ejemplo en mi propia vida.

Te podrías preguntar qué tiene que ver la generosidad con el liderazgo. Es muy sencillo. Si no podemos ser generosos en nuestra vida personal lo más probable es que tampoco lo seamos como líderes, y la generosidad es un componente clave de liderar con amor.

Dar nuestro tiempo y nuestros talentos es un concepto expuesto por muchas filosofías y religiones, entre ellas el cristianismo, el islam y el judaísmo. Sin embargo, creo que dar es algo fundamental como líder, independientemente de tus creencias personales. Esto se debe a que el liderazgo eficaz requiere líderes que:

- piensen en otros
- recuerden que toda posición de liderazgo es un regalo
- rechacen la carrera de locos para perseguir posesiones
- decidan ser generosos

Hay muchas maneras en que tanto las personas comunes como los líderes pueden ser generosos. No todos podemos dar las mismas cosas ni en las mismas formas. No obstante, hay algunos conceptos generales respecto a dar que casi todo el mundo puede implementar. Al igual que la herramienta RACI, los siguientes principios te ayudarán a evaluar las mejores maneras de «compartir las cosas con otros» en tu vida personal, lo cual te posicionará y te adiestrará para ser un líder más generoso en tu organización.

Dinero: entrega un porcentaje de la mejor parte de tus ingresos.

La primera clave para desarrollar una actitud generosa es dar antes de gastar. Marki y yo damos cierto porcentaje de nuestro ingreso anual y seguimos un programa progresivo de dar: mientras más ganamos, más elevado el porcentaje que damos. Determinar el porcentaje por adelantado nos ayuda de dos maneras a aflojar nuestro control sobre el dinero. Primera, siempre damos cierto porcentaje de nuestros ingresos antes de gastar otro dinero, y hemos hablado de esa intención con nuestro contador, quien nos ayuda a seguir siendo responsables con esta práctica. Segunda, hemos establecido un límite máximo a nuestro patrimonio neto; una vez cruzada esa línea damos todo lo que recibimos a partir de ese límite. Estos principios aseguran que ese «estilo suntuoso de vida» no reduzca nuestra generosidad con el tiempo.

Talento: entrega tus habilidades para hacer que el mundo sea mejor.

En HFE veo a muchos que siguen este principio. Jack y Peter predican con el ejemplo, y son generosos y apasionados en cuanto a donaciones personales. Por ejemplo, Peter ha estado luchando contra esclerosis múltiple por más de veinticinco años. Hasta la fecha ha levantado más de millón y medio de dólares con su pasión por montar en bicicleta y su habilidad para contactarse. Su clara inversión personal en esta causa inspira a otros alrededor de él a dar de sus propios talentos. Es posible dar dinero para una causa sin interesarse realmente en ella, pero en el momento en que dedicamos nuestros talentos y habilidades a una causa demostramos que nos hemos invertido e inspiramos a otros a nuestro alrededor a hacer lo mismo.

Tiempo: entrega cualquier cosa con que te han bendecido.

Más allá del dinero y el talento, considera el simple regalo del tiempo. ¿Cómo se ve tu calendario semanal y anual? ¿Hay dentro de tu programación lugar para ayudar a otros? Si no es así, esto «simplemente no va a suceder». Mi padre es un buen ejemplo. Él dio mucho de su tiempo, pero para el mundo exterior parecía que papá tenía poco que dar. No tenía dinero ni experiencia comercial exitosa, pero tenía tiempo, un gran corazón, un cuerpo fuerte, y un tractor Oliver 55. Papá dio generosamente de estos activos a quienes estaban a su alrededor, y los que lo conocían (quienes lo veían quitar la nieve de sus entradas, por ejemplo) nunca lo olvidarán.

¿Y si...?

Lo más curioso acerca de dar es esto: cuando damos no sabemos qué ocurrirá. A menudo dar provee al *dador* bendiciones inesperadas... así como hace del mundo un mejor lugar.

Considera la historia de Adam Braun, un graduado universitario de veintidós años de edad que viajaba con mochila en una pequeña aldea en India cuando un grupo de niñas corrió hacia él, esperando un regalo de alguna clase. Lo único que Adam logró encontrar en su mochila fue un lápiz. Aquello le pareció un obsequio mezquino y miserable, pero ya que viajaba con mochila, ¿qué más podía dar? Sintiéndose avergonzado, Adam entregó el lápiz a una de las niñas.

¡Los ojos de la muchacha se iluminaron como el sol!

Cuando Adam vio la alegre reacción ante un regalo al parecer insignificante, pensó: *si esta pequeña responde con tal vehemencia a un lápiz, ¿cómo respondería a una nueva escuela?*

Lo que comenzó como un pensamiento pronto se convirtió en un sueño, que al poco tiempo se convirtió en la pasión de Adam. Aquel joven fundó Lápices de Promesa, una organización no lucrativa que construye escuelas en países en desarrollo (www.pencilsofpromise. org). Adam pertenece a la nueva ola de emprendedores sociales que hacen cosas maravillosas a través de dar, y él te diría que nunca ha sido más feliz o que nunca se ha sentido más realizado.

Papá, los Herschend, Adam Braun, y millones alrededor del mundo dan personalmente lo que pueden. De forma intencional entregan a otros su tiempo, su talento y su dinero, sabiendo que al dar siempre ganarán más de lo que pierden.

¿Y tú? ¿Cuán generoso eres?

Sé generoso con tu tiempo, tus talentos y tu dinero *ahora*, no *algún día*. No hay duda de que dar te convertirá en una persona más completa y preocupada por los demás, y que te hará un mejor líder. Con demasiada frecuencia detenemos nuestras donaciones en la puerta de la oficina, pensando que el trabajo no es lugar para ser generosos.

Exactamente lo opuesto es la verdad, y ese es el tema del siguiente capítulo.

6.2

Mónica

Cuando viajé a Wild Adventures, nuestro parque temático en Valdosta, Georgia, me impresionó lo bien que todo se veía. Habíamos comprado el parque en bancarrota y se hallaba en muy malas condiciones cuando lo recibimos. Ahora, cuatro años después, se veía hermoso, en parte porque Jack Herschend había dejado un equipo de reparación que plantó más de quinientos árboles y removió, sí *removió*, más de dos mil toneladas de concreto para suavizar la sensación de parque y añadir más sombra. Vendimos el concreto a la ciudad de Valdosta, que usó el material reciclado como base para nuevas carreteras... ¡una relación de ganador a ganador!

El nuevo paisaje era precioso. Las flores disparaban fuegos artificiales por donde yo miraba, y las bases de los árboles estaban libres de maleza. En medio del parque un flamante jardín con bancos a la sombra invitaba a los cansados visitantes. Por eso cuando vi a una jardinera de rodillas plantando algunas flores le fui a agradecer por lo que veía. Ella se presentó como Mónica.

—Mónica, muchas gracias por lo que haces —manifesté—; ¡estos jardines son formidables!

—Gracias, señor —respondió ella—. Pero yo quiero agradecerle *a usted* por apoyar a Share It Forward.

—De nada —repliqué, aunque no tenía una idea precisa de por qué estaba agradeciendo la mujer.

Share It Forward, la fundación de nuestra compañía para ayudar a empleados en necesidad, ha socorrido a más de dos mil de nuestros empleados y sus familias desde sus inicios, pero yo no estaba seguro dónde calzaba Mónica.

—¿Conoces la historia de Mónica? —inquirió Bob Montgomery, director general del parque, mientras nos alejábamos.

Entonces procedió a contarme que la hermana mayor de Mónica murió de manera inesperada dejando una hijita de nueve meses de edad llamada Layla. Aunque Mónica solo tenía veintidós años y estaba soltera, decidió hacerse cargo de la bebita. En ese tiempo ella solo tenía un trabajo de temporada en Wild Adventures, y sus padres no tenían recursos para ayudarla económicamente. Herschend Family Entertainment animó a Mónica a solicitar ayuda a la fundación Share It Forward, que la auxilió con los costos del funeral de la hermana. Además, Mónica calificó para el programa de madres solteras, por lo que recibía un estipendio mensual.

¡Vaya! Mónica, una joven soltera con toda su vida por delante, tomó la generosa decisión de adoptar a la bebita de su hermana... de por vida; y la generosidad de Mónica fue apoyada por la generosidad de HFE. La asombrosa e inspiradora historia es solo una de las cientos que se han escrito dentro de HFE cada año, a menudo con la ayuda de la política explícita de HFE de dar más que solo cheques de pago a sus empleados.

Aquí estoy con Mónica, una de los dos mil individuos o familias ayudados hasta aquí por Share It Forward, en Wild Adventures, en Valdosta, Georgia.

Las organizaciones también deben ser generosas

Ser altruistas no es solo para individuos, también lo es para empresas. Como líderes nos han bendecido con recursos, y parte de nuestra responsabilidad es transferirlos o participarlos. El don de liderazgo trae consigo la enorme responsabilidad de dar adecuadamente de nuestro tiempo y nuestros recursos, pero también la responsabilidad de ser mayordomos para la organización en cuanto a dar.

He mencionado brevemente la fundación Share It Forward, pero no hay un solo programa en HFE que ejemplifique mejor la generosidad empresarial y personal que este. He aquí cómo funciona. Los empleados de HFE dan el impulso inicial con sus donaciones; por tanto, sin la generosidad personal analizada en el capítulo anterior, nuestro más importante programa de ayuda a los empleados nunca despegaría del suelo. El porcentaje de empleados que contribuyen ha crecido cada año, con el parque Stone Mountain en Atlanta, Georgia, a la cabeza con una tasa de contribución de noventa por ciento.

Luego nosotros seguimos con generosidad empresarial el ejemplo de los empleados; con fondos de las ganancias, la compañía equipara las donaciones de los empleados. Entonces la familia Herschend ofrece una subvención adicional, aunque ellos poseen cien por ciento de la compañía y ya han ayudado al permitir que la empresa iguale las donaciones con las utilidades. Bueno, ¡*eso es* generosidad!

Como resultado de esta entrega combinada, casi diez por ciento de nuestro personal de temporada ha recibido alguna clase de ayuda económica en los últimos cinco años. Estos fondos les ayudaron a suplir una inesperada cuenta médica, a sobrevivir a un desastre natural, o a subsistir financieramente en medio de alguna otra emergencia. Por ejemplo, tal vez hayas visto el episodio de *Undercover Boss* con HFE de la CBS, al que me referí en la introducción de este libro. Richard, el diligente trabajador de mantenimiento, recibió una subvención de diez mil dólares de auxilio por catástrofe de parte de Share It Forward. La casa se le había destruido en una inundación, y él había estado viviendo con su esposa y sus cinco hijos en un remolque móvil a fin de ahorrar dinero para reparar su casa. Los diez mil dólares le permitieron recuperar su vida y su vivienda.

También proporcionamos becas parciales a empleados o a quienes dependen de ellos. Alberto, a quien conociste en la introducción, recibió una de esas becas en la universidad estatal de Valdosta. Además, nuestro programa de asistencia a hijos ayuda a madres y padres solteros que califican para recibir estipendios mensuales, del modo en que Share It Forward hizo por Mónica.

Estoy muy agradecido por nuestra fundación y por la manera en que influye al suplir necesidades de los empleados; después de todo, Share It Forward permitió a Mónica seguir plantando flores en Wild Adventures *y* adoptar y criar a Layla. Richard y su familia están ahora viviendo en su casa, y Albert está obteniendo una buena educación a fin de poder ser un buen líder. Cuando todos dan, todos ganan.

En caso de que creas que para una empresa privada es «fácil» dar así porque no depende de inversionistas públicos, ten en cuenta que HFE copió la idea de dos compañías muy públicas: The Home Depot y Walmart. Estas entidades ayudan a sus empleados que tienen alguna necesidad y sobresalen en el despiadado mundo de venta al por menor... y mientras tanto triunfan bajo el escrutinio de la propiedad pública.

Inequívocamente rechazo el argumento de que una fundación como Share It Forward tenga un impacto negativo en el rendimiento financiero de la empresa. No es así. Punto.

En realidad lo opuesto es la verdad. Fundaciones como Share It Forward crean amplia lealtad y pasión por la empresa, y ayudan a mantener tanto una fuerza laboral entusiasta y motivada como clientes satisfechos. Las donaciones empresariales de HFE están preestablecidas en diez por ciento de los beneficios después de pagar impuestos, con el fin de planificar el flujo de caja y hacer un compromiso por adelantado. En HFE decidimos cuánto daremos para asegurar que somos generosos con los recursos de la organización;

por lo que la idea de dar un porcentaje establecido de los ingresos es tan importante en una organización como lo es en nuestras vidas personales. El resultado de ambas prácticas es menos egoísmo y, a largo plazo, ¡mejores resultados corporativos!

Es más, yo diría que el dinero usado para ayudar a nuestros empleados a través de Share It Forward ayuda a crear una fuerza laboral entusiasta y leal que hace más bien para nuestra experiencia de visitantes, dólar por dólar, que el dinero invertido en nuestras atracciones.

Dar simplemente funciona, y además eso es lo que se debe hacer. ¿No es fabuloso que lo que se debe hacer sea también lo más inteligente de hacer?

Tiempo y talento

Entregar tiempo y talento para desarrollar líderes internos es otro reflejo importante de ser altruistas en una organización. En este caso, los beneficiarios del altruismo representan la próxima generación de líderes de la empresa. Para ello hemos dado lugar a varios programas, como el de desarrollar el talento de trabajadores de temporada que tienen el potencial de convertirse en supervisores o administradores. Les asignamos mentores temporales prometedores a fin de ver si estos tienen las habilidades necesarias de liderazgo para triunfar en HFE.

Para líderes potenciales de alto nivel, el programa de desarrollo intenso (PDI) asegura que cada líder en proceso tenga un mentor que pase tiempo revisando un plan específico de desarrollo profesional, y que asegure que el empleado «progrese» en la organización de modo que las habilidades adecuadas se desarrollen. También hacemos pasar a los participantes PDI a través de una cantidad de pruebas, con el fin de evaluar las fortalezas y las áreas en que debemos ayudar. Se necesita tiempo y esfuerzo para ser un mentor PDI, pero tal liderazgo generoso asegura empleados motivados y una empresa fuerte a largo plazo.

Parte de este proceso también incluye asesoramiento *informal* a líderes jóvenes y además alentarlos a lo largo del camino. Jane Cooper, nuestra directora de operaciones, es excelente en aprovechar comidas informales con líderes prometedores, especialmente mujeres, para asegurar que se sientan apoyadas. Esto es parte esencial de ser generosos: tomar tiempo para invertir en futuros líderes. He visto a Jane tomar mujeres con mucho talento natural, gran visión, y elevado nivel de energía, y darles apoyo y la dosis perfecta de responsabilidad creciente, además de muchos almuerzos de debates para asegurar que no se sientan perdidas o poco apreciadas en nuestra organización. Hemos visto un enorme aumento en el número de líderes femeninas en nuestra empresa, en lo que Jane ha jugado un papel importante.

La dificultad

Saber que debemos dar dinero, tiempo y talento no es algo complejo para un individuo o una organización, ¡pero sí es algo difícil de ejecutar! He aquí la dificultad: hasta los líderes altruistas tienen limitaciones de tiempo y dinero.

Con organizaciones que hacen recortes sin eliminar responsabilidades laborales, todos estamos bajo más estrés y más presión que nunca; por tanto la ayuda a otros se pone en el olvido. Ni siquiera podremos cumplir con nuestras obligaciones diarias. Poder hallar el tiempo y los recursos para iniciar algún tipo de programa como Share It Forward o para asesorar a futuros líderes puede representar un conflicto.

La tentación entonces es mantenerse al margen y ser indiferentes a las necesidades de nuestros empleados. Después de todo, tenemos cifras que cumplir e inversores que satisfacer. Esto es cierto, pero centrarse exclusivamente en eso nos lleva calle abajo hacia corazones fríos y una carrera definida por el desinterés. Si nos volvemos insensibles a las necesidades de nuestros empleados, con el tiempo su rendimiento disminuirá y su habilidad para satisfacer a nuestros clientes se comprometerá, al igual que las mismas «cifras» que nos obsesionan.

Por otra parte, no podemos ayudar a todo el mundo. No podemos darnos ese lujo, y aunque pudiéramos hacerlo, no hay suficiente tiempo. ¿Qué debería entonces hacer un líder cuando el deseo de ser generoso y de dar parece entrar en conflicto con las realidades de las exigencias empresariales?

Desde un punto de vista de «dinero», HFE resuelve este asunto vinculando nuestras dádivas con las ganancias. Mientras más ganamos, más damos. Desde luego que lo opuesto también es cierto, pero este principio significa que todos estarán motivados a triunfar a fin de que podamos dar más a empleados en necesidad y a nuestras comunidades.

Desde un punto de vista de «tiempo», aprendí un principio importante de parte de mi amigo Andy Stanley. Él es un pastor que enfrenta esta tensión cada día mientras dirige una iglesia de más de veinte mil miembros. No puede ayudar a todo el mundo, pero Andy y su equipo viven por esta frase: «Haz por uno lo que quisieras poder hacer por todos».

¿No es eso todo lo que se puede pedir de nosotros? ¿Ayudar a quienes podamos, y no dejar que el tamaño del problema nos impida actuar? Andy tiene la costumbre de elegir algunas personas para ayudarles en un nivel profundo y personal. Esto le mantiene blando el corazón, y asegura que toda su iglesia tenga un modelo visible de generosidad y entrega. No hace falta ser un genio de las matemáticas para calcular que si *todos* en cualquier organización ayudaran a una o dos personas, ¡todos tendrían ayuda más que suficiente!

¿Podrías hacer lo mismo? ¿A qué *única* persona en tu organización podrías asesorar? ¿A cuáles *dos* personas que estén pasando dificultades económicas podrías ayudar?

Durante *Undercover Boss* aprendí la verdad del principio de Andy al permanecer cerca de tres de las personas que ayudamos en el programa. Constantemente seguí de cerca sus situaciones y «profundicé con ellos» hasta que superaron sus crisis individuales. Puedo dar fe de que este principio te ayudará a ser un líder generoso, y ayudará a que la cultura de tu organización prospere como nunca antes.

Autocrático contra Socrático

Hace poco le dije a uno de nuestros altos ejecutivos que quería mantenerme al margen de una reunión particular porque debía empezar a tomar unas cuantas decisiones lo antes posible.

Me miró como si yo tuviera un tercer ojo.

Sin embargo, creo que mientras menos decisiones sintamos que debamos tomar, más fuertes somos como líderes y más fuerte hemos levantado al equipo. Antes de mi llegada a Saab USA como presidente y director general pasé quince años en la industria automotriz... en ventas, mercadeo, producción y en el lado concesionario del negocio. Esa experiencia específica significaba que yo podía liderar, o al menos sentía que podía hacerlo, como un «experto», tomando el control de las reuniones y diseñando mi plan. En realidad no confiaba en todos los que estaban en Saab cuando llegué, porque sospechaba que eran parte del problema, así que no estaba muy dispuesto a escuchar sus opiniones. Al liderar en esta modalidad de «experto» sentía que la mejor manera de usar mi talento era decir a las personas qué debían hacer. No desplegué otras fuertes habilidades de liderazgo como identificar problemas, escuchar a otros y crear consenso a través de pensamiento crítico.

Compara esa experiencia con mis primeros años en HFE. Yo no tenía experiencia en el negocio de atracciones temáticas, así que seguí un enfoque totalmente distinto del que tuve en Saab. Aprendí a hacer mejores preguntas, y me vi obligado a rodearme de personas que conocían sus ámbitos de especialización mejor que yo. Fue una transición incómoda para mí, y era evidente que al principio me hallaba fuera de mi zona cómoda, pero esto me obligó a recibir mejores opiniones de quienes me rodeaban.

Ser generosos con las decisiones

Como resultado hice a un lado mis habilidades de liderazgo «experto» y en vez de eso aprendí a cultivar otras habilidades; estas se pueden definir ampliamente como «habilidades socráticas», y entre ellas están las siguientes:

- Hacer más preguntas para averiguar y evaluar lo que otros líderes están pensando. Preguntas importantes prueban la sabiduría y la lógica de una idea mejor de lo que cualquier opinión «experta» puede hacerlo, y también desarrollan a la persona que debe responder a la pregunta.

- Facilitar debates de equipo que ayuden a identificar problemas y a sugerir soluciones. Los buenos líderes pueden ser participantes activos en este proceso, pero a menudo estos hablan de últimos y absorben las variadas opiniones e ideas en todo el salón.

- Tomar la mejor decisión posible después de recibir los aportes de las mentes más brillantes a las que más se afecte con la decisión. Este proceso no necesariamente se basa en consenso (un buen líder debe aún establecer la dirección en caso de que existiera desacuerdo), pero nueve de diez veces se toma una mejor decisión después de usar habilidades socráticas.

- Resumir el análisis e intentar crear y mantener unidad de equipo. Si se toma una decisión que va en dirección diferente a algunas de las opiniones en el salón, un buen líder explica por qué se hace, de modo que todos se sientan escuchados.

Durante esta evolución de mi estilo de liderazgo aprendí un principio muy poderoso: *el liderazgo socrático atrae y conserva talento más fuerte de lo que consigue el liderazgo autocrático.* En HFE hemos podido atraer y conservar el mejor equipo que he tenido alguna vez en cualquier industria. Intento contratar solamente a los mejores... y luego permito que hagan sus trabajos. Esto líderes saben que son esenciales para el éxito de HFE, sienten que se confía en ellos, y saben que están añadiendo valor.

Decidir resolver menos

A medida que la antigüedad de un líder aumenta, este debe tomar menos decisiones. Como director general mi trabajo no es meterme en sectores de mi organización en que estoy más cómodo tomando decisiones. Al contrario, mi papel es estar donde se encuentre la mayor *necesidad* de la compañía, la cual podría estar (y a menudo está) en algún lugar fuera de mi zona cómoda. Por ejemplo, con mi educación en comercialización me siento más cómodo tomando decisiones en ese ámbito. Sin embargo, HFE tiene un gran agente de comercialización, y la mayor parte de mi tiempo es necesario en otras secciones. Soy el director general, no el jefe de comercialización. Y cada vez que tomo una decisión de liderazgo fuera de mi zona cómoda, se vuelven a probar la eficacia y el valor del liderazgo socrático y de la toma de decisiones.

De vez en cuando no sigo mi propio consejo, e ingreso en una función más práctica de toma de decisiones. Esto no es común, y por lo general se debe a uno de tres aspectos:

- Un líder sin experiencia pero capaz necesita tiempo para reconocer su esfera de responsabilidad; mientras tanto yo participo más de lo normal para enseñar y asesorar. A medida que esa persona obtiene experiencia, poco a poco le permito más libertad y le demuestro más confianza.

- Si me encuentro demasiado involucrado porque he perdido la fe en el juicio de una persona, o esta es indecisa y está impidiendo su progreso adecuado, tengo que reemplazarla con alguien en quien yo pueda confiar. Mientras tanto es posible que deba tomar más decisiones autocráticas.

- A veces descubro que no estoy dispuesto a dejar de lado una decisión. Si es así debo analizar el asunto con el líder en cuestión. O debo revocar esa decisión (convirtiéndome en el «aprobador» del cuadro RACI) o dejo que otros tomen esa decisión.

A las personas talentosas, aquellas de las que cualquier líder quiere rodearse, no les gusta que les digan qué hacer. Quieren resolver las cosas. Yo podría decirles lo que deseo que decidan, y a veces lo hago, pero cada vez que lidero de manera autocrática me arriesgo a obstaculizarles el desarrollo... o peor, a perderlos con el tiempo cuando decidan irse a alguna parte donde los estimen y valoren.

A veces generosidad significa dejar que otros lideren; piensa en Peter Herschend. Cuando los padres de Jack y Peter murieron, cada uno obtuvo cincuenta por ciento de participación en HFE y no disponían de ningún plan de transición. Sin embargo, de modo desinteresado Peter acudió a Jack y le sugirió que asumiera la dirección general mientras él sería el vicepresidente de mercadeo, puesto que creía que allí es donde se maximizarían las habilidades de los dos. Eso es ser generoso.

¿Qué hace a un buen líder?

Hace poco Google comisionó a su equipo de recursos humanos internos que identificara y evaluara los atributos de sus mejores líderes. Se sorprendieron al descubrir que el conocimiento técnico ocupaba el último lugar. En cambio, atributos como escuchar. bien y dejar que los empleados tomen decisiones importantes atrajeron y conservaron a los mejores elementos. Google quizás no lo sabía, pero estos son atributos de liderar con amor.

En el actual entorno comercial de cambios acelerados es más importante desarrollar habilidades puras de liderazgo, como las descritas en este libro, que convertirse en un supuesto «experto» en un campo particular. Las economías, el conocimiento y las habilidades requeridas cambian, pero los principios de liderar con amor son eternos y siempre beneficiarán a cualquier organización.

¿Cómo puedes liderar con generosidad? ¿Puedes escuchar mejor? ¿Te estás sintiendo abrumado e imposibilitado de ayudar a cualquier persona? ¿Deberías hacer por alguien lo que quisieras hacer por todo el mundo? ¿Estás acaparando decisiones que deberías delegar? Ser generosos es difícil, pero así como Google descubrió, los atributos de liderar con amor atraen y conservan a lo mejor de lo mejor.

Todo empieza mañana temprano. Sea que comiences a dar pasos para poner en marcha un programa empresarial como Share It Forward, o que simplemente tengas un almuerzo con alguien que necesita un oído atento, mañana es el día en que puedes comenzar a vivir, y a liderar con amor, de manera altruista.

El amor es generoso
Resumen del capítulo

☑ Sé generoso: piensa menos de ti.

☑ Sé generoso con tu dinero personal.
- Define un porcentaje fijo de tus ingresos para dar.
- Pide a alguien como tu contador que te haga rendir cuentas.
- Establece una línea de llegada a fin de que no tengas un estilo de vida suntuoso.

☑ Sé generoso con tu tiempo y tu talento personal a fin de ser mejor, y mejorar tu organización y el mundo.

☑ Ayuda a que tu organización sea generosa.
- Entrega un porcentaje fijo de las ganancias de tu organización para ayudar a aquellos en la empresa que estén pasando una crisis personal.
- Ofrece tu tiempo y tu talento para desarrollar líderes internos.
- «Haz por uno lo que quisieras hacer por todo el mundo».

☑ Sé generoso con tu autoridad en cuanto a la toma de decisiones: un líder fuerte debe aspirar a tomar tan pocas decisiones como le sea posible.

☑ La forma socrática de dirigir, en vez de la autocrática, es más eficaz porque lleva a tomar mejores decisiones, además que atrae y conserva los mejores talentos.

☑ La dirección socrática requiere:
- hacer más preguntas.
- facilitar un debate de equipo con personas talentosas.
- tomar la mejor decisión posible debido a un análisis abundante.
- resumir la decisión y la dirección.

7

EL AMOR ES SINCERO
DEFINE LA REALIDAD EMPRESARIAL E INDIVIDUAL

La principal responsabilidad de un líder es definir la realidad.

Max DePree,
presidente emérito,
Herman Miller

Max DePree tenía razón: una de las tareas más importantes de un líder es llegar a la verdad. Una vez que los individuos tienen la verdad pueden tratar con ella. Si no, todos podemos viajar por la senda equivocada sin corrección, y el resultado puede ser engañoso. Para que los líderes se desarrollen deben definir la realidad del verdadero papel de la organización en el mercado e identificar sus debilidades y fortalezas. Deben establecer cómo la organización prevalecerá contra las fuerzas negativas que ha de enfrentar.

En el mismo sentido, un líder fuerte asegura que a cada individuo se le comunique la verdad respecto a su rendimiento y a cómo este puede mejorar. Por eso es que la necesidad de la verdad es tanto empresarial como individual.

No obstante, identificar y expresar la verdad es difícil y a veces complicado. Egos individuales, liderazgo débil y elusión del conflicto pueden llevar a una cultura empresarial malsana donde la verdad no se mantiene como un valor clave.

- ¿Has considerado alguna vez la distinción fundamental entre hablar verdad corporativa y verdad individual?
- ¿Deseas tener herramientas útiles para descubrir y comunicar verdad?
- ¿Qué puedes aprender del último despido que manejaste del modo equivocado?
- ¿Cómo puedes, en calidad de líder, descubrir la verdad acerca de ti mismo?

Cómo revelar la verdad empresarial

Respiré profundamente y cerré los ojos por un momento. ¿Qué debía hacer?

Me hallaba sentado en nuestro más grande salón de conferencias con mis subordinados directos y algunos de sus colaboradores. Recientemente habíamos tomado la difícil decisión de cerrar un parque temático que producía pérdidas financieras. Hicimos una gran condonación económica, lo que no era buena noticia pues ningún director general puede sobrevivir a muchas de ellas. Aunque la anterior administración había planificado y construido el parque, yo aún tenía gran parte de la culpa y sentía muchísima presión. Este era un evidente fracaso, y necesitábamos que el paso siguiente fuera adecuado.

Esta reunión constituía una situación tensa en la que sería esencial llegar a la «verdad empresarial». La verdad empresarial significa tratar con las realidades de una organización e industria específica, en contraste con la verdad acerca de un individuo. Sin embargo, como yo estaba aprendiendo en ese momento, la verdad empresarial podía ser como un pez resbaladizo que cae en tierra.

Nuestro objetivo en la reunión era decidir qué haríamos con este parque cerrado y con la superficie circundante. A medida que comentábamos la situación, el debate se hacía hostil. Los nervios se exaltaban mientras tratábamos de recomendar un curso de acción para una reunión de la junta directiva que debía realizarse solo un mes después. ¿Debíamos derribar el complejo? ¿Rediseñarlo? ¿Venderlo?

¿Construir una nueva atracción para reemplazarlo? Las personas comenzaban a interrumpirse unas a otras; se levantaban las voces; los rostros enrojecían con frustración.

Pasos hacia la verdad

Era evidente que necesitábamos algunas reglas básicas para recuperar el control del análisis y asegurar que este fuera constructivo y confiable. Por tanto, aun cuando los altercados continuaban me levanté y me dirigí a la pizarra que teníamos en el salón. Destapé un grueso marcador negro y escribí las siguientes reglas:

Regla #1: no le disparen al mensajero

—Ustedes, muchachos, deben relajarse y abandonar las opiniones negativas. Debemos aprender de nuestros errores para no repetirlos. Tratemos con la información, no con la persona que expresa la opinión —indiqué.

Para que se descubra la verdad empresarial debemos recordar que ninguna persona por sí sola es responsable por aquella verdad grupal, y debemos oír la verdad individual sin restricciones a fin de que la verdad empresarial se revele.

Regla #2: no confundan desacuerdo con conflicto

—Se necesitan desacuerdos sanos para llegar a la mejor solución posible —continué—. El conflicto se desarrolla cuando la gente toma el desacuerdo de manera personal. Si queremos descubrir aquí la verdad empresarial, debemos centrarnos en el desacuerdo y no en nuestros sentimientos heridos.

Seguí diciendo que descubrir la verdad era la máxima prioridad, y que los desacuerdos sanos eran una manera de asegurar que eso sucediera. Al fin y al cabo, si todos estuviéramos de acuerdo, ¡algunos de nosotros en realidad no seríamos necesarios!

—Estoy de acuerdo —comentó Andrew Wexler, nuestro jefe financiero—. En McKinsey usamos la frase «renegar y debatir» para asegurar que llegamos a la verdad.

—Que sea «fastidiar y debatir», ¡mantengámoslo familiar! —exclamó Chris Herschend, hijo de Peter y presidente de nuestra división Ride the Ducks.

Las risas que siguieron rompieron el hielo en el salón, y yo continué nuestro análisis.

Regla #3: no supongan que los demás ven lo mismo

—Todos tenemos perspectivas distintas. El equipo financiero, el creativo, el operativo y el de mercadeo, todos ven desde una perspectiva diferente las fallas del pasado y las oportunidades para el futuro. No supongas que los demás ven lo que tú ves. Ponlo sobre la mesa.

Para asegurar que esto ocurriera me dirigí a cada uno de los asistentes y me aseguré de que todos hablaran, o de que tuvieran la oportunidad de hacerlo, antes de tratar otro tema. Este enfoque es especialmente útil cuando los problemas son controversiales y hay desacuerdos. Piensa en la verdad empresarial como un rompecabezas; sin las contribuciones de todos los involucrados nunca verás la figura completa.

Regla #4: hablen ahora o callen para siempre

—Antes de salir de este salón ustedes deben haber expresado sus opiniones. Si estas son retadas o ustedes pierden la discusión, deberán reconciliarse con el resto de este equipo. Así tendrán la oportunidad de persuadir a los demás del equipo a concordar con su punto de vista, pero si algún voto de sus compañeros es contrario... bueno, ustedes tuvieron la oportunidad de hablar, y deberán unirse al equipo. Espero que cuando salgan de este salón apoyen cualquier decisión que tomemos.

Hice una pausa, y continué hablando.

—Voy a hablar de último en cada tema para no influir en el pensamiento del equipo. No tomen esto como una falta de energía o pasión por el asunto. No importa lo que pensemos, pero la mayoría de las personas tienen dificultad para expresar una firme opinión que sea diferente a las opiniones de los líderes. Ya que tenemos varios niveles en el salón, permitan que sus subordinados hablen primero.

Con esa intervención, puse a un lado el marcador y me senté a escuchar.

El debate resultó bien mientras descubríamos las diversas lecciones que podíamos aprender acerca de lo que salió mal. Sin embargo, al seguir adelante aún teníamos una variedad de ideas sobre el tapete para la nueva atracción que pondríamos en esta propiedad. Cuando el debate se enardeció más, comprendí que debíamos tener criterios claros respecto a nuestras decisiones de negocio para la propiedad en discusión.

Saqué nuestros criterios para nuevos negocios desarrollados por Rick Todd, nuestro principal vicepresidente de gestión de riesgos y de administración comercial. Pedí a Rick que se encargara de la reunión y obtuviera los aportes de todo el salón en relación a la forma en que clasificamos todos nuestros criterios sobre nuevos negocios. Mediante un proceso constante de instar a cada persona, Rick confirmó que para esta decisión teníamos los criterios correctos «no negociables», y el equipo estuvo de acuerdo. Luego Rick y el equipo establecieron los valores correctos y las prioridades en cuanto a los criterios «negociables» para nuestras oportunidades de nuevos negocios.

He incluido aquí las tablas que plantearon tanto Rick como nuestro equipo, porque pueden ser herramientas extraordinariamente útiles para que las organizaciones intenten descubrir la verdad y puedan seguir adelante con una decisión sabia. Si actualmente no estás tomando decisiones de equipo, siéntete libre de saltarte estos tres cuadros.

Criterios de nuevos negocios: no negociables

	Concepto #1		Concepto #2	
No negociable	Sí	No	Sí	No
1. Apoya nuestra visión y misión.				
2. Será #1 o #2 dentro de su área de negocio.				
3. Posee una ventaja competitiva sostenible.				
4. Se pueden alcanzar nuestros indicadores financieros acordados.				
5. Podemos ejecutarlo de manera eficaz porque tenemos el personal adecuado y el socio correcto.				

Criterios de nuevos negocios: negociables

	Valor 1–10	Idea #1		Idea #2	
		Puntaje	Total	Puntaje	Total
1. Tenemos la capacidad de superar los indicadores financieros acordados.	10				
2. Tenemos la mejor ubicación posible en un gran mercado.	9				
3. Presenta bajas necesidades periódicas de reinversión de capital.	7				
4. Se puede aprovechar una marca bien establecida o trabajar de manera sinérgica con uno o más de nuestros otros negocios.	8				

	Valor 1 – 10	Idea #1		Idea #2	
		Puntaje	Total	Puntaje	Total
5. Dispone de un atractivo propio para un segmento de mercado grande y rentable, y es altamente repetible.	10				
6. Es un negocio que aprovecha nuestra fortaleza y experiencia empresarial.	8				
7. Diversificación: no depende de los factores de mercado como sucede con nuestros negocios actuales.	5				
8. El pago inicial o las exigencias de débito están dentro de nuestros límites.	6				
9. Podemos identificar a un campeón capaz y comprometido.	10				
10. El momento de la oportunidad y el correspondiente riesgo de perder la oportunidad son apropiados.	5				
11. Está justificado el nivel de independencia HFE en la oportunidad frente a la dependencia relacionada con una empresa asociada.	8				
Totales					

Valor: todos los criterios se evalúan según importancia y prioridad en una escala de 1 – 10 (1 es de muy poca importancia).

Puntaje: evalúa cada concepto frente a los criterios y asigna una calificación de 1 – 5 (1 es bajo).

Multiplicar el puntaje por el valor a fin de llegar al puntaje total para ese criterio.

¿Qué tienen que ver todas estas cajas y cifras con liderar con amor?

En primer lugar, revelar la verdad asegura corporativamente que se hayan oído todas las voces. Si apreciamos a nuestro equipo es fundamental que se oigan sus voces talentosas y se consideren sus opiniones. He encontrado que en el fragor de la batalla, cuando los resultados son malos o el tiempo es corto, la mayoría de los análisis se truncan; se acrecientan las emociones, se desvían las culpas, se escucha poco, la frustración es alta, y a menudo todo esto conduce a malos resultados o a miembros de equipo que ya no sienten que se confía en ellos. La mayoría de las personas no se van debido al mal rendimiento, sino por no sentirse valoradas.

Segundo, liderar con amor también significa hacer lo mejor por la organización para proteger o agregar tantos empleos como sea posible para aquellos que nos importan. Descubrir la verdad asegura que se tomen las mejores decisiones posibles para el futuro de la organización. Recuerda que liderar con amor no es una excusa para ser un líder «blandengue». Una organización sana hace el mayor bien para la mayor cantidad de personas.

Revelar la verdad empresarial no es fácil. Usar el debate saludable y el proceso de toma de decisiones ya observado lleva más tiempo, disciplina y esfuerzo. No obstante, dicho método involucra a las personas en su más alto nivel y lleva a las mejores decisiones posibles... dos efectos que cualquier líder debe ansiar, y ambos son necesarios cuando se lidera con amor.

Igual, más de, menos de

F rank era una superestrella. Era el líder más intuitivo con quien trabajé alguna vez en la industria automotriz. El hombre tenía la respuesta rápida y por lo general adecuada. Sabía cómo solucionar problemas y lograr que se hicieran las cosas. Trabajaba incansablemente para hacer que la compañía mejorara.

Sin embargo, la personalidad dinámica de Frank significaba que por lo general él no abordaba problemas de manera suficiente ni hacía participar a los afectados por las decisiones que tomaba. Las decisiones rápidas están bien cuando el edificio se está incendiando, pero Frank tenía poca paciencia para el debido procedimiento o para oír opiniones de otros en decisiones más rutinarias. Esto dejaba a otros desanimados cuando no se sentían tomados en cuenta. Como lo afirma el antiguo adagio, Frank estaba «de vez en cuando equivocado, pero nunca en duda». Los miembros de su equipo apreciaban su fortaleza, pero deseaban que el hombre escuchara y delegara de manera más eficaz.

Mientras me hallaba en mi escritorio una noche a altas horas pensando en la mejor manera de comunicarle a Frank lo que debía suceder, saqué una antigua herramienta que yo había usado con los años.

Cómo llegar a la verdad individual

Escribí títulos en tres secciones de una hoja de papel: «Igual», «Más de» y «Menos de»; en la sección «Igual» escribí las cosas que más apreciaba respecto a Frank, mientras que en la siguiente fila enumeré aquello de lo que me gustaría ver «más». Debajo de «Menos de» registré lo que era negativo y que él debía eliminar o reducir. Al ponerlo por escrito me aseguré de comunicar claramente tanto lo positivo como lo negativo, como también la posibilidad de revisar más adelante el progreso de Frank. Este es el documento real que le participé:

Igual:

- Tu juicio empresarial es increíble. Tus ideas sobre cómo podemos mejorar son totalmente acertadas, y valoro tu disposición para confrontarme sobre lo que podemos hacer mejor.
- Tu ética laboral es incesante. Haces lo que sea para que el trabajo se concluya. No puedo expresar cuánto significa eso para mí.
- Eres proactivo. No te lo tengo que decir. Ves las cosas, por lo general antes que yo, y casi siempre para cuando las analizo contigo.
- Siempre confío en que estás centrado en las cuestiones correctas para motivar un mejor rendimiento.

Más de:

- Juego en equipo. Establecer un ejemplo de trabajo en equipo; usar «nosotros» en vez de «ellos» al analizar el equipo empresarial con los empleados participantes.
- Diálogo fructífero. Necesitamos más tiempo cara a cara para dialogar sobre algunos temas.

Menos de:

- Desahogarse en terceros. Por favor, enfocar el asunto directamente con quien estás frustrado y mantener la frustración más aislada.

- Energía negativa. Eres un líder importante, y las personas se nutren de tu energía. Por favor, dirigir siempre con energía positiva y disminuir la cantidad de energía negativa que muestras. La energía positiva y el ánimo son contagiosos, pero igual ocurre con la energía negativa.

Basado en nuestra conversación, Frank acordó trabajar en los aspectos analizados. Cuando nos volvimos a entrevistar seis meses después, su actitud y conducta habían mejorado enormemente, y ambos pensamos que el análisis anterior y el seguimiento habían probado ser valiosos.

También le pedí a Frank que me hiciera elaborar el mismo ejercicio a fin de que yo pudiera aprender a servir mejor y apoyarlo como líder. Mi editor quiso que yo participara este documento en el libro, pero es algo *clasificado*, y si lo lees tendría que matarte... ¡y no quiero eso en mi conciencia!

Hay personas como Frank en toda organización, que necesitan incentivo y control directo para refinar su desempeño y su actitud a fin de convertirse no solo en líderes buenos sino en líderes fantásticos.

Conflicto de equipo

Usar el enfoque «Igual, Más de, Menos de» también puede ser eficaz en un ambiente grupal cuando todo un equipo se está comportando en una manera disfuncional.

La primera vez que llegué a Saab el equipo de liderazgo de alto nivel estaba plagado de conflictos y desconfianza. Había problema entre los empleados originales de Saab (antes de la adquisición de GM) y los inmigrantes de GM, así como entre muchos de mis subordinados directos. Todo era un desastre que no funcionaba, y se producía tan poca comunicación que yo sentía que el ambiente ameritaba un «arbitraje».

Reuní al equipo en el salón de conferencias de un hotel con un porche agradable y una vista hacia los bosques. En esa terraza elaboramos ocho cuadros, uno por cada uno de nosotros en el ejercicio. Escribí el nombre de cada uno en la parte superior de cada cuadro (incluso mi nombre) y los dividí en tres secciones horizontales: Igual, Más de y Menos de.

Entonces pedí a cada participante que escribiera sus pensamientos debajo del criterio para cada persona. Por ejemplo, fui a los otros siete cuadros y escribí en cada uno lo que creía que esa persona debía seguir haciendo igual, lo que debía hacer más, y lo que debía hacer menos en el futuro.

Después de que cada uno hizo esto, puse ocho sillas en círculo para un debate más íntimo. Nuestro gerente financiero comenzó, acercándose a su cuadro y repasando cada punto que los demás habían escrito acerca de él para asegurar que entendía la retroalimentación.

Se necesitaron casi cuatro horas para revisar toda la información, pero el debate fue fantástico. Pudimos ver que las heridas comenzaron a sanar y que el verdadero debate estaba volviendo a darse. A veces todo era muy incómodo, pero resultó sumamente productivo. Hablar la verdad no siempre es fácil, pero no podemos liderar con amor a menos que amemos esa verdad.

El paso final ese día fue pedir a cada persona que resumiera en una hoja de papel una serie de puntos de acción a partir de los cuadros de todos los asistentes. Luego hice que cada persona firmara su «contrato» como un compromiso de cómo se comportaría en el futuro. Volvimos a ver los contratos seis y doce meses después y los revisamos a lo largo del camino. El equipo se entusiasmó con el progreso que estábamos teniendo, y un año después todos juntos estábamos trabajando bien. Desde luego que aún existían desacuerdos, ¡como siempre pasa y debe pasar! Sin embargo, la manera en que trabajábamos con los conflictos había mejorado grandemente porque habíamos revelado la verdad empresarial e individual de la situación.

Liderar con amor significa preocuparse lo suficiente respecto a un individuo o a un grupo a fin de ofrecer y recabar información veraz. Cuando los líderes proveen la verdad a sus equipos acerca del rendimiento que han tenido, así como también las herramientas para tener éxito, *independientemente de los sentimientos personales*, todo eso representa una señal segura de liderar con amor.

La evasión

Despedir a alguien nunca es fácil, y no debería serlo. En cierta manera se trata de una muerte. Es como recibir emocionalmente un disparo, como ser despojado de la confianza y verse forzado a vivir una situación difícil. Despedir a alguien se debe manejar con amor e interés hacia esa persona, pero por lo general no ocurre así. A pesar de lo que sé al respecto, he cometido algunos errores más vergonzosos y desagradables que cuando despedí a Rex.

Rex era el director de una división de información tecnológica en Saab USA. El hombre era enérgico y brillante. Trabajaba duro y siempre trataba de mejorar la empresa. Sin embargo, también amaba la tecnología por la tecnología misma, y tenía un «don» para hacer complejas las cosas sencillas y perder la esencia de un problema. Como resultado, nuestro plan IT de cinco años estaba lleno de grandiosas ideas; el asunto iba más allá de lo que necesitábamos y no enfocaba los problemas más urgentes, por no hablar de lo mucho que costaría ponerlas en práctica.

Cuando seguí recibiendo quejas de los concesionarios acerca de nuestros sistemas, supe que debía hacer un cambio. Estábamos perdiendo dinero y no teníamos tiempo para determinar si Rex conservaría siempre la dirección o si podía mejorar con el desarrollo. Decidí que no tenía tiempo de hablar con él al respecto porque «el edificio se estaba incendiando». Debíamos lograr que las cosas funcionaran rápidamente en la dirección correcta.

Tuve preparado un acuerdo de separación para Rex. Allí fue cuando las cosas se pusieron feas. Por alguna razón desconocida, los abogados de la empresa en Detroit enviaron por fax el acuerdo de separación de Rex al número equivocado. La persona que recibió el fax leyó el nombre de Rex en el documento y luego amablemente llamó a nuestras oficinas y obtuvo el número de fax de Rex. Este observó horrorizado poco después cómo su máquina de fax imprimía su propio acuerdo de separación antes de que él y yo nos hubiéramos sentado para decirle que estaba despedido.

Linda jugada.

Yo estaba al teléfono con un cliente cuando Rex irrumpió en mi oficina.

—¿Qué diablos es esto? —gritó, dirigiéndose a mí.

—Rex, cálmate y dame un segundo —expresé tranquilamente.

Él no dio marcha atrás.

—No, ¡*dame* tú un segundo ahora mismo! —exclamó.

La cara le ardía de ira.

Me senté con Rex y vi que tenía en la mano el acuerdo de separación.

—No sé cómo conseguiste esto, pero siento mucho que haya ocurrido de este modo —manifesté.

Lo que siguió fue una conversación increíblemente tensa y difícil. Mis sentimientos de vergüenza y remordimiento nunca se han desvanecido. Me sentía horrible en cuanto a cómo manejé toda la situación. Independientemente del lío del fax, yo no le había transmitido a Rex la verdad acerca de su desempeño a lo largo del camino, ni había trabajado con él para que lo mejorara, y además no lo había despedido con respeto.

Algunos años después vi a Rex en un supermercado, pero él no me vio. Fui en la dirección opuesta para evitar cualquier contacto.

Me sentí como un idiota. Probablemente lo era.

Experiencia aplicada

Unos quince años, algunas canas y varias equivocaciones después, comparé cómo estropeé el despido de Rex con cómo manejamos una situación reciente en HFE. Teníamos que dejar ir a un alto ejecutivo llamado Carl, pero manejamos el asunto mucho mejor que con el despido de Rex. Lo que aprendí del despido de Carl podría ser una buena lección para todos los líderes en cuanto a cómo liderar con amor: aliviar de un trabajo a una persona diciéndole la verdad *y* protegiéndole la dignidad al mismo tiempo.

He aquí lo que aprendí:

Asegúrate de que el empleado entienda la gravedad de los problemas antes de que el despido sea una opción.

Tuve una sola conversación con Rex respecto a su desempeño, ¡y eso no fue sino hasta su torpe despido! Él no sabía por adelantado los problemas que teníamos con su rendimiento. Debí haberlo confrontado tan pronto como reconocí los problemas que su desempeño nos estaba ocasionando, pero no lo hice.

Por otra parte, tuvimos tres o cuatro conversaciones con Carl acerca de sus problemas de rendimiento en HFE. Él no se alegró de oír lo que se le dijo, pero no se sorprendió cuando finalmente le ofrecimos una indemnización.

Es evidente que esta regla se aplica a empleados de bajo rendimiento, no a casos en que ha habido alguna clase de irregularidad u otro delito grave que requiera acción instantánea.

Maneja el día difícil de una manera digna.

El despido de Rex no fue digno; él estaba gritando y yo intentaba calmarlo. El hombre salió ese día y nunca regresó a la oficina. Por el contrario, la salida de Carl de HFE fue lo más tranquila y amigable posible. A menos que haya habido una irregularidad, por norma general tratamos de no escoltar a la persona fuera de la oficina después de despedirla. Equilibramos este proceso con adecuada protección para la empresa y sus activos, pero con esa protección en su lugar más bien prefiero dejar que los empleados separados del cargo salgan relativamente sin problemas, en lugar de avergonzarlos con una escolta innecesaria hacia la puerta de salida.

Ayuda a la persona despedida a que vuelva a encarrilar su vida.

Rex firmó su acuerdo de separación y salió furioso, dificultando cualquier oferta de ayuda de transición; no lo volví a ver hasta el encuentro en el supermercado. Pero con Carl fui agresivo en brindarle ayuda. Me senté con él para explicarle cómo creía yo que él podía aprender de su experiencia en HFE y cómo podía actuar mejor en su próximo empleo. Me centré tanto en sus fortalezas como en sus debilidades. Posteriormente consiguió un buen trabajo en una gran empresa.

Sé cortés.

Ser cortés en épocas difíciles es parte de liderar con amor. HFE suele ser amable y cortés en el trato con empleados que son despedidos, y usamos una variedad de herramientas para ayudar con la transición: si se está eliminando un trabajo tratamos de proveer un aviso adecuado a fin de darle tiempo a la persona de encontrar un empleo mientras aún esté empleada; además, le damos la indemnización por despido y le brindamos asesoramiento en servicios de recolocación si se justifica. El punto es que preferimos pecar siendo amables, y sé que mi padre estaría de acuerdo.

¿Has despedido alguna vez a alguien? Si eres un líder y no lo has hecho, ¡lo harás! Asegúrate de manejar el despido con verdad e integridad, en una forma que te permita mirarte en el espejo al día siguiente y que te guste lo que veas. Asegúrate de que cuando veas a la persona despedida en un supermercado no tengas que huir en otra dirección. Pregunto: *si fuera más doloroso, tanto económica como emocionalmente para los Estados Unidos corporativos dejar que los empleados se fueran, ¿serían las empresas más reticentes a participar en esa táctica?*

Hace poco vi a Carl en la iglesia, y se me acercó con una gran sonrisa, me saludó y me estrechó la mano. Le pregunté cómo era su nuevo empleo y contestó: «¡Fabuloso!».

Eso es todo lo que necesitaba oír, y me corroboró que yo había hecho un mejor trabajo esta vez en cuanto a liderar con amor y valorar la verdad.

La verdad te hará libre

¿Qué pasa cuando eres *tú* quien debe escuchar la verdad?

El liderazgo es un asunto solitario. Cuando confiamos solamente en nuestra propia perspectiva perdemos nuestros puntos ciegos. Hacemos todo lo posible, pero no mejoraremos con el tiempo a menos que tengamos a alguien que nos diga la verdad real.

Lo lamentable es que mientras más alto te encuentres en tu organización, más difícil es que recibas la verdad respecto a cómo te desempeñas. Hallar a alguien en quien poder confiar para que te dé una opinión sincera es un raro don que todo líder necesita pero que pocos reciben.

Tendrás que hallar estos compañeros por tu cuenta. Tus confidentes confiables podrían venir de tu organización o de tu vida personal; de cualquier modo, el hecho innegable es que deben decirte la verdad acerca de quién eres y dónde necesitas crecer. Estas personas deben confrontarte cuando te equivoques, y estar pendientes de patrones de mal comportamiento y negativos con relación a la manera en que tomas decisiones. Es preferible que estos «comunicadores de la verdad» no se vean impactados por tus decisiones, de modo que puedas estar seguro de que no hay un motivo ulterior. Encontré mis más confiables «comunicadores de la verdad» en un lugar inesperado: un estudio bíblico en Harvard Business School (HBS).

HBS no es para débiles de corazón. Aproximadamente diez mil estudiantes destacados postulan para ochocientos cupos al año. Cada clase tiene diez por ciento de proceso forzado, así que por competente que seas, si el noventa por ciento tiene más éxito que tú, podrías «recibir» lo que se llama una «nota baja» y perder el curso. Con dos notas bajas en el primer año «llenas el cupo» y te piden que salgas del instituto. ¡Y las personas se preguntan por qué los graduados de HBS son tan agresivos!

Al haberme criado en las tierras cultivables de Battle Creek, Michigan, y graduarme en una pequeña universidad de artes liberales cuya mascota es un «británico» (¡no preguntes por qué!) no me había armado con la confianza necesaria para vincularme con los hombres de Goldman Sachs que vivían en la ciudad de Nueva York.

Es más, el primer día de clases me hallaba tan asustado que me paralicé durante las presentaciones. La persona a mi lado era un inteligente científico espacial; dos sillas más allá se hallaba un tipo que justamente había trabajado para la mayor fusión en historia empresarial. No creí que mi experiencia como capataz de planta que veía cómo los hombres se emborrachaban y dormían en cajas iba a emocionar a alguien, así que reaccioné rápidamente y en vez de eso decidí mencionar mi deportiva carrera estelar: «Me llamo Joel Manby —dije, e hice una larga pausa—, y mi salto a la fama... es que vigilé a Magic Johnson en un partido de básquetbol en el colegio... y lo superé por cuarenta y dos puntos».

La clase estalló en risas, y así comenzó mi carrera HBS en «actuación». A partir de entonces regularmente inicié sátiras humorísticas para la clase junto con David López y Leslie Goldberg (ahora Leslie Gold, la mejor DJ femenina en Nueva York). También protagonicé en el musical School B, una tradición en HBS. Yo necesitaba tales diversiones, porque mi primer año fue brutal. La mitad de nuestra calificación se basaba en participación en clase, pero al principio yo estaba demasiado nervioso para hablar. Me hallaba luchando emocionalmente y además sentía nostalgia por mi familia.

Sin embargo, asistí a una reunión de compañerismo cristiano y allí conocí a tres hombres: Vaughn Brock, Dougal Cameron y Kevin Jenkins. Iniciamos juntos un estudio bíblico y nos reuníamos todos los miércoles por la mañana. Con el tiempo nos volvimos grandes

Mi grupo de rendición de cuentas de por vida: Vaughn Brock,
Dougal Cameron, yo, y Kevin Jenkins.

amigos. Es más, este círculo de amigos ha demostrado ser una de las
decisiones más inteligentes que he tomado en mi vida.

El grupo resultó ser un espacio seguro para mí. Estos hombres
tenían mucha sabiduría y estaban entre las mejores personas que
alguna vez había conocido en este mundo. Me aconsejaron en cuanto
a noviazgo, matrimonio, profesión, tentaciones, inversiones... en
todo; estos muchachos parecían poder ayudar en cualquier cosa. Lo
más importante, yo sabía que me dirían la verdad, toda la verdad, y
nada más que la verdad, y yo necesitaba eso.

Después de la graduación nos comprometimos a permanecer
unidos. Instituimos una llamada mensual, un juego anual de golf,
y vacaciones cada dos años con nuestras familias. A pesar de que el
golf y las vacaciones familiares no siempre se han realizado a tiempo,
puedes programar tu reloj a nuestras llamadas mensuales: el primer
viernes de cada mes a las diez de la mañana, horario del este. Así que
no me llames en ese momento, porque estaré ocupado hablando por
teléfono.

Hasta el día de hoy, casi treinta años después, me encanta esta
llamada. Recibo la verdad, y les hablo la verdad, la verdad acerca de

EL AMOR ES SINCERO

cómo realmente uno se siente por dentro. Hablamos la verdad en cuanto a nuestros temores, nuestras frustraciones, nuestros matrimonios y nuestras carreras. Incluso de vez en cuando llamamos a las esposas de los demás para asegurarnos de que nos estamos diciendo la verdad unos a otros. Durante una época en que uno de nosotros estaba luchando de verdad en el matrimonio, uno de nosotros llamó a la esposa de nuestro compañero de rendición de cuentas solo para ver si estábamos recibiendo una historia equilibrada. Aún no sentíamos que estábamos teniendo ambos lados de la historia, así que dos de nosotros volamos a la casa del otro para reunirnos con ellos cara a cara y ayudarles a reconstruir su relación.

Nos hemos ayudado mutuamente a través de tristezas y soledades, de éxitos y fracasos. Estos son hombres por quienes yo moriría. Y es por eso que podemos decirnos mutuamente las verdades. Casi no hay un regalo más grande en la vida que amigos sinceros, y todos los líderes deberían oír la verdad en cuanto a quiénes son y a la naturaleza de sus fortalezas y debilidades.

Podrías estar pensando: *¿qué es todo esto acerca de matrimonio, temores y rendición de cuentas?, ¡creí que este era un libro sobre liderazgo!* Entiendo esa preocupación, pero sostengo que si alguien te conoce lo suficiente para confrontarte con la verdad respecto a decisiones clave que tomas, esa persona es el tipo de amigo que puede guiarte en *todos* los ámbitos de la vida, incluso en liderazgo.

El carácter es la raíz del éxito de un líder, y solo nuestros amigos más íntimos pueden exigirnos cuentas del carácter que nos esforzamos por alcanzar, y también requerir de nosotros que con el tiempo nos convirtamos en líderes de calidad. Solo nuestros amigos más íntimos verán las debilidades en nuestros patrones de conducta durante un largo tiempo. Solo verdaderos «comunicadores de la verdad» sabrán si estamos liderando con amor en casa y en el trabajo. Tener a alguien en el trabajo que te diga cuándo metes la pata en una reunión es un regalo, pero un amigo que te conoce de toda la vida y que te confronta de veras es un tesoro de inmenso valor.

¿Qué hay de ti? ¿Quién te puede decir la verdad real y pedirte cuentas de tus compromisos? ¿Tienes a alguien que te conozca de veras? Si no es así, quizás este es el mejor consejo que recibas de este libro. Se necesita dedicación y tiempo para hacer que esto suceda, pero vale la pena. Liderar con amor empieza con una evaluación sincera de ti mismo, y tú eres la única persona con la que nunca puedes ser absolutamente sincero.

Recibir la verdad empresarial e individual es difícil, pero ahora tienes herramientas para ayudarte a hacer exactamente eso. Sea que estés encontrando la verdad o comunicándosela a otros, ser un «comunicador de la verdad» es un requerimiento absoluto para liderar con amor.

El amor es sincero
Resumen del capítulo

☑ Sé sincero: define la realidad empresarial e individual.

☑ Sé sincero respecto a la organización.
- No le «dispares al mensajero» ni confundas desacuerdo con conflicto.
- No supongas que las personas ven la verdad, comunícala.
- Como líder, por lo general es mejor hablar de último.
- Considera utilizar una matriz para la toma de decisiones en asuntos corporativos más complejos.

☑ Sé sincero en tu trato con los empleados.
- La herramienta «Igual, Más de, Menos de» es efectiva para comunicar la verdad.
- La misma técnica se puede utilizar en un grupo más grande.
- Obtener la verdad mantiene a las mejores personas y crea las mejores decisiones.

☑ Sé sincero en caso de despido.
- El despido no debería ser una sorpresa para la persona despedida.
- Maneja el día difícil en una manera digna.
- Sé proactivo en ofrecer consejo a la persona que estás despidiendo y en ayudarla a volver a encarrilar su vida.
- Sé gentil. Dejar que alguien se vaya no debe ser algo fácil como para que lo hagas con mucha frecuencia.

☑ Debes estar dispuesto a oír la verdad.
- No importa cómo lo hagas, encuentra un compañero a quien rindas cuentas de tu vida, y quien te diga siempre la verdad respecto a ti.
- ¡No vigiles a Magic Johnson en un partido de básquetbol del colegio!

8

EL AMOR ES PERDONADOR
LIBÉRATE DEL CONTROL DEL RESENTIMIENTO

> Mientras más tiempo tengas un resentimiento, más control tiene este sobre ti.
>
> *Jeff Henderson, Iglesia Buckhead*

¿Ha cometido alguna vez alguien una injusticia contra ti? Perdonar es muy difícil, lo sé. Haber podido perdonar o no te ha conformado en una u otra manera.

He aquí el asunto: es probable que te hayan agraviado y que merezcas tener rencor. Pero la verdadera pregunta es: ¿de qué te sirve? ¿Es eficaz guardar rencor?

Nos gusta imaginar cómo exactamente regañar a quien nos agravió, o soñamos en cómo podríamos vengarnos. Guardar un rencor puede parecernos bien, y todos tenemos una historia de haber sido injuriados que parece justificar nuestro rencor.

Pero al final lo que nos han hecho no importa; lo único que importa es cómo reaccionamos.

- ¿Has perdonado a alguien que alguna vez perjudicó tu organización y has visto redención?
- ¿Has perdonado a alguien que alguna vez perjudicó tu organización y lamentaste cuando esa persona reincidió? ¿Cuándo debes trazar la línea?
- ¿Has presenciado alguna vez el efecto positivo en cadena que perdonar puede provocar, aun más allá de tu poder de comprensión?
- ¿Te has sentido alguna vez atrapado y limitado por los rencores que guardas?

Eric

Eric es un joven muy brillante de dieciocho años que trabajó como empleado de temporada en nuestra atracción Stone Mountain Park en Atlanta. Como el mayor de siete hermanos y hermanas nunca tuvo una figura paterna permanente en su vida, así que todo el dinero que Eric gana va directamente a su familia.

Un día durante el último año Eric fue despedido por violar la política de la compañía. Yo me había reunido una vez con él pero no lo conocía y no estaba consciente de que lo hubieran despedido.

Más o menos una semana después recibí un mensaje de Eric a través de Facebook. Pedía perdón por lo que había hecho y preguntaba si yo podía darle otra oportunidad. Normalmente no me involucraría en un asunto como ese, pero me impresionó el tono del joven. Estaba contrito, admitió que había cometido una equivocación, y se encontraba apenado por eso. Además, me impresionó lo que vi en el resto del perfil del joven en Facebook; parecía ser un chico humilde y decente.

Escribí un correo electrónico a nuestro gerente general y al director de recursos humanos en Stone Mountain, Gerald y Michael, y les pedí que revisaran el expediente de Eric. Clarifiqué que no estaba pidiendo que lo contrataran de nuevo, sino simplemente que se evaluara su despido basado en la petición sincera del joven.

Perdonar a alguien que ha agraviado a la organización

Gerald y Michael decidieron dar a Eric otra oportunidad después de que este pasara todas las pruebas relacionadas con el conocimiento de nuestros procedimientos y políticas.

Casi un mes después de que Eric se reincorporara a Stone Mountain Park, llamé a Gerald para ver si invitaba a Eric a un partido de béisbol de los Bravos de Atlanta, y en el que ellos dos podían ser mis invitados. Gerald revisó su programa de operaciones.

—Joel, hablaré con Eric, pero él está programado para trabajar ese día, y sé que no querrá tomar libre ese tiempo —contestó—. Él realmente quiere las horas, porque su familia necesita su ayuda económica.

Gerald tenía razón; Eric trabajó en lugar de tomar libre ese tiempo.

Seguí comunicándome con Eric de vez en cuando vía Facebook. Mi corazón simpatizó con el joven de dieciocho años que no tomaba el tiempo del trabajo porque estaba tratando de mantener económicamente a flote a su familia. Aquello era humildad y me recordó la ética laboral de mi padre.

La primavera siguiente, casi seis meses después de que Eric me contactara en Facebook, me hallaba caminando por Stone Mountain Park y me acerqué a Eric. Él me miró feliz y lleno de energía.

—Hola, Eric, me alegra verte —saludé—. ¿Cómo te va?

—Sr. Manby, yo... este... me está yendo bien, señor —replicó—. Oiga, yo estaba... este... me estaba preguntando si usted podría querer venir a mi graduación del colegio.

Mi mundo se paralizó mientras asimilaba la petición. Escenas de toda mi experiencia con el muchacho resplandecieron en mi mente: su despido, su mensaje en Facebook, su súplica de una nueva oportunidad, su ética laboral, sus esfuerzos por ayudar a su familia, su habilidad para superar obstáculos. Pensé que yo era una influencia insignificante en su vida; con todo, él *me* estaba pidiendo que asistiera a su graduación. Sentí un nudo en la garganta, y los ojos se me humedecieron. No pude expresar palabra alguna.

Busqué torpemente mi teléfono inteligente en un esfuerzo por apartar la mirada de Eric, pero apenas podía leer la pantalla a través de mis lágrimas. Mis propias emociones me sorprendieron, pero me las arreglé para lograr articular palabras.

—Este... déjame revisar mi programación aquí —expresé.

Recobré el control, me enjugué las lágrimas, y encontré la fecha: mayo 21. Asombrosamente ese día había cancelado un compromiso para el mismo fin de semana.

—Eric —dije, mirándolo—, sería un honor estar allí. Gracias por invitarme.

—Gracias —contestó él sonriendo.

A medida que se alejaba la amplia estructura de un metro noventa centímetros de Eric, me sentí muy orgulloso de Gerald y Michael. Ellos le habían dado al joven otra oportunidad, y así un buen muchacho con todas las probabilidades en contra podía triunfar.

Eric terminó su último año de colegio y obtuvo una carta de recomendación para la academia naval de parte de un senador de USA. Aunque no fue aceptado en la academia, nos dijeron que la razón principal fue su falta de actividades extracurriculares, ¡pero eso se debía a que Eric siempre estaba trabajando para ayudar a su familia! La vida no siempre es justa.

El 21 de mayo, Gerald y yo asistimos a la graduación de Eric. Después de la ceremonia tuve un tiempo maravilloso de reunión con la madre del joven y todos sus hermanos. Le dije a Eric lo orgulloso que estaba de él, y después de que tomamos algunas fotos, Gerald y yo lo dejamos a solas con su familia. Después él se enlistó en el ejército, y obtendrá su educación universitaria a través de programas de ayuda militar.

Las ondas positivas del perdón: Eric con su madre y seis hermanos, y Joel.

Decide perdonar

¿Cómo un líder sabe cuándo perdonar a alguien? ¿Cuándo vuelves a contratar a un empleado que fue despedido pero que quiere otra oportunidad? ¿Qué ocurre si das a alguien una segunda oportunidad y esa persona hace un lío aún mayor? En Herschend Family Entertainment no tenemos una fórmula fijada, pero animamos a nuestros líderes a usar un juego de preguntas para ayudarles a tomar la decisión correcta:

- *¿Es esta una falta de una sola vez o se trata de un tema recurrente?* ¿Cuál es el historial y la reputación de ese empleado? ¿Fue este agravio incompatible con todo lo demás que hemos presenciado con relación a su carácter y su reputación?
- *¿Está la persona consciente de su error?* ¿Tiene un corazón contrito respecto a la falta? ¿Pidió perdón? ¿Crees realmente que el agravio no volverá a ocurrir?
- *¿Cómo se siente el jefe directo del ofensor?* Siempre tratamos de dejar que el jefe directo de la persona tome la decisión, aunque la apelación llegue a un líder superior. El jefe

directo está más cerca de la acción, y nunca le obligaríamos a hacer algo que no quiera. Sin embargo, a veces hay circunstancias atenuantes que violan esta regla.

- *Concede al transgresor el beneficio de la duda si no estás seguro*, ofreciéndole otra oportunidad de actuar bien.

Cuando yo era un nuevo miembro de la junta de HFE y Jack Herschend aún era el presidente de la compañía, la junta parecía desilusionada con Jack porque él no actuaba con suficiente rapidez para reemplazar a elementos que no estaban logrando los objetivos.

Jack manifestó con voz tranquila pero muy firme: «Prefiero que me conozcan por actuar con demasiada lentitud que por actuar con demasiada premura».

Sabias palabras de un hombre sabio. Debido al ejemplo de Jack, yo también prefiero ser conocido por lento para despedir y rápido para perdonar, en lugar de ser conocido por rápido para despedir y lento para perdonar. No todo líder está de acuerdo con estas palabras, pero si aún estás leyendo sospecho que eres un líder que desea profundamente transformar la manera en que funciona tu organización. Liderar con amor, aunque esto signifique dar inmerecidas segundas oportunidades, es la forma correcta de construir una organización de salud perdurable.

Las segundas oportunidades no siempre tienen un final feliz

Sé que algunos lectores estarán pensando: *¡Joel, no ha visto mi situación!*

Quizás no, pero he experimentado bastantes situaciones difíciles de segundas oportunidades para saber que no siempre resultan bien. Sin embargo, eso no significa que no debamos darlas.

He liderado a muchos miembros de equipo que eran alcohólicos o drogadictos, o que padecían enfermedades mentales. Una de estas personas, a quien llamaré Betty, era una alta ejecutiva que comenzó a mostrar señales contradictorias. Empezó a salir temprano del trabajo, a no actuar como ella misma en las reuniones, y a mostrar una extraña conducta en las llamadas telefónicas. Luego la atraparon conduciendo bajo la influencia del alcohol. Después la mujer se separó de su esposo. Más adelante la compañía le pagó un programa de rehabilitación, un costoso tratamiento de treinta días, y le conservó el trabajo.

Betty regresó más fuerte y mejoró su rendimiento. Sin embargo, no duró mucho sobria. Varias veces entró y salió de rehabilitación, lo que dio lugar a que la relegaran a un papel menor pero aún alto. Su desempeño no era tan productivo como en el pasado, y el patrón de entrar y salir de rehabilitación no mostraba indicios de cambio.

Luché con esa decisión. A pesar de que Betty ya no se reportaba ante mí en su nuevo papel, sentí que debía ser yo quien hiciera la convocatoria. No era justo obligar a su nuevo jefe a decidir. Busqué el consejo de antiguos ejecutivos que comprendían la cultura de la empresa. Después de que Betty tuviera algunos períodos más de rehabilitación, finalmente decidí darle un paquete de indemnización.

La historia no terminó bien, ella nunca se desprendió de su dependencia al alcohol, y murió a los cincuenta y ocho años de edad. Su funeral fue increíblemente triste.

Al mirar hacia atrás, no me arrepiento de la segunda, tercera y sexta oportunidad que le dimos a Betty. Ella tomó sus propias decisiones, y ningún líder puede controlar de veras lo que un empleado escoge. Pero un líder sí puede controlar sus propias acciones. En el caso de Betty, actuamos de manera honorable y sincera.

A veces el perdón es doloroso, y no siempre conduce a un final feliz. No estoy sugiriendo que lancemos por la borda nuestras normas y metas empresariales, sino que mantengamos nuestros corazones lo suficientemente blandos para estar abiertos al perdón. Esto quizás no siempre sea lo más fácil de hacer, pero siempre es lo correcto.

En el caso de Eric el perdón terminó bien; darle una segunda oportunidad fue como lanzar una piedrita a una laguna. Las ondas salieron de nuestra decisión de volver a contratarlo. Eric pudo ayudar a su familia, terminar el colegio, y servir en el ejército. Poco después asistirá a la universidad. ¿Quién sabe lo lejos que se seguirán extendiendo las ondas de ese acto de perdón?

El próximo capítulo afirma que en realidad las ondas pueden continuar durante años... ¡incluso a través de muchas generaciones!

8.2

Marilou McCully

Marilou McCully era tía de Marki, y una mujer muy especial que me enseñó más acerca del poder del perdón que cualquier otra persona en mi vida. Ella ejemplificó que un acto de perdón puede recorrer el camino a través de cientos o miles de vidas durante muchas generaciones.

Marilou Hobolth se casó con Ed McCully en junio de 1951. Ambos amaban a Dios, se amaban mutuamente, y juntos esperaban con interés una maravillosa vida. Ed era un hombre talentoso y con un futuro brillante. Se graduó de Wheaton College en 1949 entre los mejores, y además era presidente de su clase y campeón nacional de debate de Hearst Corporation.

Después de un año en la facultad de derecho decidió, junto con algunos amigos íntimos y sus esposas, que se mudarían al Ecuador como misioneros. Planificaban vivir entre los huaoranis, una tribu hostil en lo profundo de la selva tropical.

A fin de alcanzar a los huaoranis, los jóvenes misioneros debían ganarse su confianza. Comenzaron a volar con regularidad sobre la selva, incluso dejando caer regalos desde la avioneta, y los huaoranis correspondieron poniendo también regalos en una canasta suspendida en un espacio entre las ajustadas vueltas que daba el aeroplano.

Después de meses de contacto amigable aire-tierra, los cinco hombres volaron en la brillante avioneta amarilla al interior de la selva y aterrizaron en una pequeña franja de playa arenosa. Instalaron un campamento en «Playa Palma» el martes 3 de enero de 1956.

El viernes, después de tres días sin ver a nadie más, los misioneros divisaron a un hombre y dos mujeres huaoranis que caminaban

El efecto de onda del perdón se sigue extendiendo aún después de sesenta años de la muerte de Ed. Ed y Marilou McCully, 1951.

tranquilamente por la selva. La interacción duró unas pocas horas mientras los hombres hacían lo posible por comunicarse sin un lenguaje común. Los huaoranis parecían estar de buen humor cuando se fueron.

El domingo la situación cambió. Cuando la avioneta volvió a la selva, uno de los misioneros, Nate Saint, divisó a un grupo de diez huaoranis que se dirigían a Playa Palma. Exactamente después del mediodía, Nate llamó por radio a su esposa y le dijo: «Parece que los huaoranis estarán aquí para el culto de inicios de la tarde. Ora por nosotros. Este es el día. Nuestro próximo contacto con ustedes será a las 16.30h».

A los misioneros, entre ellos el esposo de la tía de Marilou, Ed, no se les volvió a ver vivos. Los cinco jóvenes murieron a causa de las puntas de lanza de los huaoranis.

Pero así no es como termina la historia.

Ondas

Los hombres dejaron atrás cinco esposas y nueve hijos, y la noticia de sus muertes se transmitió rápidamente a todo el mundo en la primera página de la revista *LIFE*. Lo primero que muchas personas preguntaban era por qué los hombres habían ido allí, mientras muchas más pedían venganza contra los huaoranis. Hubo gran confusión y debate.

Sin embargo, las esposas tenían resuelto el problema. Todas habían decidido perdonar a los huaoranis, demostrando de modo poderoso que el amor es en realidad un verbo.

Pregunté a Marilou cómo podía perdonar a las personas que habían asesinado a su esposo. Ella casi desestimó la pregunta diciendo: «Eso es lo que Dios nos pidió hacer, y es lo que él hizo por nosotros. Además, estar amargada no me ayudaría, ni me devolvería a Ed». En vez de ceder ante el odio y la desesperación, las esposas decidieron seguir la onda del amoroso ejemplo de sus esposos.

La onda aún no se estaba extendiendo.

Seis meses después del asesinato, Elisabeth Elliot (esposa de Jim Elliot, uno de los misioneros) y Rachel Saint (hermana de Nate) se hicieron amigas de una mujer huaorani llamada Dayuma que había huido de la tribu. Juntas decidieron regresar a la selva para terminar la obra que los hombres habían iniciado.

¿Te puedes imaginar?

A pesar de todo Rachel y Elisabeth, junto con su joven hija Valerie, se mudaron a la selva a vivir con los huaoranis. Las mujeres no solo sobrevivieron entre los huaoranis, sino que los ayudaron a transformar la cultura de violencia en una cultura de amor y respeto. Antes de la llegada de estas mujeres, los antropólogos que estudiaron a los huaoranis los describieron como el grupo de personas más violentas que jamás habían visto. Se estaban matando entre sí y se dirigían a la extinción.

Pero entonces la onda se extendió: el amor y el perdón son una mejor manera de vivir. Los huaoranis comenzaron a cambiar su forma de vida, escogiendo la paz en vez de la violencia. Más tarde se supo que los cinco misioneros tuvieron una pistola durante el ataque y no la usaron contra los huaoranis, sino que la dispararon al aire en un intento de asustar a los atacadores. Marilou nos dijo a Marki y a mí: «Nuestros esposos consideraron si usar o no la pistola contra los indígenas, y decidieron no hacerlo. Sintieron que todos ellos estaban listos para ir al cielo, pero no así los huaoranis».

¡A veces se necesita gran cantidad de valor para liderar con amor!

Rachel pasó el resto de su vida con la tribu; murió de cáncer a los ochenta años de edad, y la onda del perdón aún continúa hasta el día de hoy. Marki llevó a dos de nuestras hijas, Ryn y Erinn a vivir durante una semana con los huaoranis en la selva de Ecuador, junto con miembros de las familias extendidas de los cinco hombres. En ese viaje Marki y las chicas se hicieron amigas de un hombre llamado Mincaye, uno de los diez guerreros del grupo asesino, que se había convertido en un hombre cambiado.

Más tarde Mincaye hizo un viaje a Estados Unidos. Él y Steve Saint viajaron en unión de Steven Curtis Chapman, un artista contemporáneo de grabación cristiana, con el fin de contar esta extraordinaria historia. Estando en este país, Mincaye también asistió a la graduación de Jesse Saint, nieto de Nate Saint. ¿Por qué? Porque Mincaye es el padrino de Jesse, a quien había bautizado en el mismo

*La onda continúa. Marki con Mincaye; su esposa, Umpora;
y nuestra hija, Erinn.*

río donde ayudara a matar al abuelo de este aproximadamente cuarenta años antes.,

No había nada bueno que ver en esta tragedia en el momento en que esos cinco hombres fueran asesinados en 1956. Sin embargo, ahora podemos ver que toda una tribu cambió para siempre y se volvió del odio hacia el amor.

El efecto dominó del perdón es poderoso.

Simplemente piense en cómo la historia pudo haber sido diferente. Qué tal que las mujeres hubieran guardado rencor, ¡nadie las habría culpado! Tenían derecho a estar amargadas, y a huir inmediatamente del Ecuador. Pero si lo hubieran hecho no habrían tenido la oportunidad de ayudar a transformar el futuro de esta tribu.

Cómo perdonar a quien te agravia

Recuerdo claramente la primera vez que Marki me contó esta historia. Pensé: «Esto no puede ser verdad. *Nadie* volvería a la selva para dedicarse a servir a una tribu salvaje que acababa de matarle a su esposo. ¿Quién podría perdonar en *esa* situación?».

Sin embargo, al haber pasado tiempo suficiente con Marilou pude ver que ella era una persona muy especial. Era gentil y amable pero a la vez muy tenaz. Era una mujer en paz consigo misma y con Dios. No vivía resentida y había elegido una vida de perdón.

Elegir es una palabra clave. La historia de la vida de Marilou demuestra que la situación no tiene que ver tanto con lo que nos ha *sucedido* sino con cómo *reaccionamos*. El perdón de ella en realidad fue una decisión, así como el amor ágape es también una decisión.

En cierto sentido esta historia parece imposible de vincular; ¿qué tienen que ver las decisiones de un grupo de mujeres hace cincuenta años en una selva ecuatoriana con liderar una organización moderna? No obstante, una vez que comprendemos que el perdón puede producir una evolución increíblemente positiva, vemos que el modelo de estas mujeres es importante para los líderes de hoy.

La transformación de una organización

Seamos realistas: como líderes tenemos muchas oportunidades ya sea para guardar rencor o para perdonar. La decisión es nuestra. Ni por un instante pretendo afirmar que perdonar sea fácil. Lo contrario es la verdad, igual que liderar con amor tampoco es fácil. Se necesita esfuerzo y a veces es contradictorio.

Sin embargo, cuando decidimos perdonar a otros nuestra ira se libera y esto permite que una herida profunda sane. Guardar rencor mantiene abierta la herida, y aunque no siempre lo comprendamos, nosotros somos los únicos perjudicados y no quienes nos lastiman. Si no perdonamos, la ira vive en nosotros, y líderes iracundos crean temor en una organización. Esto puede llevar a los empleados a evitar el riesgo y complacer a toda costa al irascible jefe. Este comportamiento no maximiza a ninguna organización. El perdón te libera a ti, no a la persona a la que estás perdonando.

Es como lo citara Malacy McCourt: «El resentimiento es como tomar veneno y esperar que muera quien nos ha ofendido». Una falta de perdón nos convierte en personas poco atractivas, y podemos perder respeto como líderes. ¿Has asistido a una reunión de tu clase del colegio y has hablado con un antiguo compañero que se ha atascado en la vida? Es muy probable que a este individuo le haya ocurrido algún incidente que no puede perdonar, y al no poder hacerlo su vida permanece estancada para siempre en el mismo punto. El enojo que conserva no le permite seguir adelante.

Creo que Jeff Henderson, pastor de Buckhead Church, tiene razón cuando dice que debemos «liberarnos del control del resentimiento». Perdonar no es fácil, y no siempre resulta como se planificó, pero siempre es lo que se debe hacer. Mi amigo Eric en nuestro parque Stone Mountain recibió otra oportunidad, y ahora su vida está encarrilada. ¿Quién sabe cómo habría resultado su existencia sin un trabajo? Y ahora también, ¿quién sabe cuántas vidas podrá él cambiar para mejor, o a cuántas personas perdonará?

Una acción de perdón es como lanzar una piedra en una laguna, las ondas pueden continuar más allá de nuestra capacidad de saber qué pasará. Para un dirigente que lidera con amor, esta parece una maravillosa promesa. ¿Hay alguien a quien debas perdonar?

El amor es perdonador
Resumen del capítulo

☑ Perdona: libérate del control del resentimiento.

☑ Lo que te hayan hecho no importa al final, lo único que importa es cómo reaccionas.

☑ Perdona a quienes hayan perjudicado tu organización.
  • Considera darles otra oportunidad si se trata del primer agravio, si están conscientes de sus faltas, y si quieren mejorar, o si tienes alguna duda en cuanto a dejarlos ir.
  • Sé lento para despedir y rápido para perdonar.
  • Perdonar a alguien y brindarle una segunda oportunidad no siempre resulta bien, pero de todos modos considéralo.

☑ Perdona a alguien que te ha agraviado.
  • Mientras más tiempo guardes un rencor, más te controlará este rencor.
  • Perdonar te libera a fin de que puedas enfocarte en el amor y la relación, no en la ira.
  • Perdonar puede liberar a la persona que perdonas y darle un comienzo nuevo.
  • Perdonar tiene un efecto dominó positivo que a menudo se extiende más allá de nuestra comprensión.

9

EL AMOR ES DEDICADO

AFÉRRATE A TUS VALORES EN TODAS TUS CIRCUNSTANCIAS

Estoy enamorado de la esperanza.

Mitch Albom, autor de
Martes con mi viejo profesor

Uno de los papeles principales de un líder es ofrecer esperanza. Esto se puede hacer en una variedad de maneras, pero se logra de forma regular cuando la claridad de la visión, la misión y los valores están acoplados con fuerte éxito financiero. Un líder tiene que comunicar claramente cómo la organización va a ganar en medio de un mercado competitivo, y luego ejecutar ese plan. Los empleados se sienten esperanzados y libres cuando saben qué es lo que la organización espera, qué dará esta a cambio, y hacia dónde se dirige.

Liderar con esa clase de amor requiere dedicación.

Pero la recompensa es enorme: un amor tan dedicado creará esperanza y entusiasmo en la organización. Liderar con amor se debe enseñar y medir; debemos cuidar *cómo* las personas realizan sus tareas, no solo *si* las realizan. Liderar con amor debe integrarse en un modelo de funcionamiento de una organización, pero aún debemos *liderar*, usando nuestro poder y amor mientras navegamos con dedicación inquebrantable a través de situaciones y tiempos difíciles.

- ¿Cómo liderar con amor y usar apropiadamente el poder que tenemos como líderes?
- ¿Pueden coexistir realmente el amor y el poder; y si es así, ¿dónde está modelado ese liderazgo?
- ¿Cómo liderar con amor puede integrarse en el modelo operativo de una organización, y cómo esto se puede medir y rastrear?
- ¿Existen estrategias para estar dedicados a liderar con amor aunque las épocas y las decisiones sean difíciles?

Dedicación para amar

Hace dos mil años un predicador judío itinerante llamado Jesús de Nazaret invitó a cenar a sus amigos. Sin embargo, esta comida no sería igual a las normales que ese grupo disfrutaba; Jesús sabía que esta era su última cena. Al día siguiente sería ejecutado por el gobierno romano. Así que en esa última noche Jesús tenía que decidir cómo resumir sus enseñanzas, a fin de que sus doce seguidores pudieran llevar el mensaje que les comisionaría.

Piensa en todas las opciones delante de Él. Jesús pudo:

1. haberles dado un rollo escrito que resumiera todas sus enseñanzas.

2. haberles proporcionado dinero para que extendieran el ministerio.

3. haberles concedido poderes divinos para hacer que los escépticos creyeran, o

4. haberlos presentado ante líderes que tuvieran influencia política.

Sé que yo habría hecho algo como eso, ¡especialmente si la opción 3 estuviera a mi alcance! No obstante, Él sorprendió a sus amigos con algo tan inesperado que resonó a través de las edades, cambiando incluso la forma en que las organizaciones estadounidenses del siglo veintiuno se lideran.

Según su amigo Juan recordara más tarde, Jesús «se levantó de la mesa, se quitó el manto y se ató una toalla a la cintura. Luego echó agua en un recipiente y comenzó a lavarles los pies a sus discípulos y a secárselos con la toalla que llevaba a la cintura» (Juan 13.4–5).

El uso del amor y el poder

En la cultura de la antigua Palestina, tal gesto se consideraba lo último en modestia y humildad, ¡rayando en la humillación! Solamente los esclavos lavaban los pies a otras personas. Y teniendo en cuenta que la mayoría de los doce discípulos estaban adquiriendo convicción acerca de la divinidad de su líder, la acción de Jesús les pareció aun más extraordinaria.

Pedro, el más franco de los amigos de Jesús, no se hallaba satisfecho con lo que estaba ocurriendo, y dijo:

—¿Y tú, Señor, me vas a lavar los pies a mí?

Jesús debe haber visto la confusión en esos ojos conocidos, porque replicó:

—Ahora no entiendes lo que estoy haciendo, pero lo entenderás más tarde.

—¡No! —protestó Pedro—. ¡Jamás me lavarás los pies!

Pedro no se disuadía fácilmente, ¡y yo he tenido más de unas cuantas personas como él trabajando para mí!

Pero estaba sucediendo algo más grande que una simple discusión acerca de si Jesús estaba actuando como un esclavo, estaba mostrándoles a sus amigos una manera totalmente nueva de liderar. Así que contestó: «Si no te los lavo, no tendrás parte conmigo» (Juan 13.6–8).

El hecho de que Jesús eligiera personificar su liderazgo en la noche anterior a su muerte lavando los pies de sus «empleados» representa un ejemplo convincente para todos los líderes que lo han seguido. La ocasión marcó en las mentes de sus discípulos la importancia de servir, y desafió a todos los que llegarían tras él a considerar que liderar con amor podría realmente ser la mejor manera de cambiar el mundo.

Dedicados a amar

Si diriges algo o a alguien estás en posición de poder, y si lideras con amor sorprenderás a otros, exactamente como Jesús sorprendió a Pedro. No estoy sugiriendo que alguno de nosotros sea como Jesús, sino que todos tenemos la oportunidad de abusar de nuestro poder o de usarlo bien. De atesorarlo o de obsequiarlo.

En mi experiencia anterior a Herschend Family Entertainment, la mayoría de las personas que tenían alguna clase de papel de liderazgo se *enfocaban* en el poder: cómo acumularlo, cómo ejercerlo, cómo aferrarse a él. No tenían intención de entregar ese poder. En otras palabras, no había ninguna intención de liderar con amor. Después de todo, ¿no significa la idea de mostrar amor hacia los empleados que un líder es blando y débil?

Según expresé antes, como líderes todos debemos usar el poder que se nos otorga para conseguir que las cosas se hagan: establecer objetivos agresivos, hacer que los demás rindan cuentas, pedir recursos, tomar decisiones difíciles, y movilizar personas hacia una meta común y conseguir resultados. Si tu organización se va a pique, ¿de qué sirve el amor?

Sin embargo, grandes líderes hacen todo esto y también entienden cómo liderar con amor e incorporar amor al mismo tiempo. Esto no es algo fácil ni intuitivo, por lo que se requiere una vida de dedicación.

Martin Luther King hijo entendía esto muy bien. En su reporte anual de 1967 entregado en la undécima convención de la Conferencia de Liderazgo Cristiano del Sur en Atlanta, el ícono de los derechos civiles expresó: «El poder sin amor es imprudente y abusivo, y el amor sin poder es sentimental y anémico». El doctor King, posiblemente uno de los líderes más grandes de todos los tiempos, entendía que el amor y el poder se deben aprovechar juntos para lograr que las cosas más importantes se hagan.

Adam Kahane, autor de *Power and Love*, escribe acerca de la necesidad de que los líderes integren amor y poder:

Un sistema que solo siga los impulsos de la compasión y la solida-
ridad [amor] perderá su competitividad; un sistema que solo siga
los impulsos de la determinación y la intencionalidad [poder] sacri-
ficará innecesariamente a su personal y arriesgará su capacidad de
crecer y recuperarse. No obstante, una mezcla de poder y amor se
convierte en una postura que cualquier líder puede poseer, y al final
esta postura podría ser el factor más importante en posibilitar que
ese líder logre grandes cosas.[1]

¿Por qué entonces es que casi tres cuartas partes de todos los
líderes tienen dificultades para usar tanto el poder como el amor,
especialmente bajo estrés? Tienden a revertir la parte con la que están
más cómodos y *hacen caso omiso* de la otra parte. Todos hemos trabajado con líderes que se burlan de todo lo que tiene que ver con
virtudes o valores verdaderos. Ellos creen que esta idea es totalmente
blanda y que se interpone en el camino de las ganancias; afirman que
hablar de amor debería relegarse al hogar.

Tales líderes están más equivocados de lo que se puede estar.

Por desgracia, la mayoría de las organizaciones, desde entes
comerciales hasta sistemas políticos, han estado influenciadas por tal
pensamiento y se caracterizan por exceso de poder y falta de amor.

En HFE creemos que el ejemplo de Jesús de liderar con amor al
lavar los pies de sus amigos es un recordatorio poderoso y conmove-
dor de que el amor puede cambiar el mundo. El amor sí funciona,
aunque esto parezca contrario al sentido común, e incluso al revés.
Por eso cualquiera de nuestros empleados que termine nuestro curso
de capacitación Liderar con Amor tiene la opción de recibir una
escultura de Jesús lavando los pies de Pedro. Esto no tiene que ver
con religión; algunos empleados cristianos optan por no recibir la
escultura, mientras empleados con otra fe o sin ella la aprecian del
todo. En HFE nos centramos en comportamientos exitosos, no en
creencias particulares. La escultura es simplemente un recordatorio
físico de una verdad que puede transformar cualquier organización:
que el *uso* del poder no se debe convertir en *abuso* de poder.

Dado el triunfo del poder sobre el amor en la mayoría de las organizaciones, los líderes tienen que *dedicarse* a liderar con amor. Liderar con amor coloca a los dirigentes en funciones totalmente distintas a las que solían tener, y a veces incómodas. Si decides liderar con amor, quizás otros a tu alrededor no «capten» lo que estás haciendo. Hazlo de todos modos. Liderar con amor es más importante que la aprobación de tus compañeros de trabajo. Decidirse a liderar con amor es la decisión más difícil que un dirigente puede tomar, pero un líder sabio se dedica a ello porque también constituye la mejor manera de liderar una organización.

La senda puede ser solitaria. Algunos, que nunca han conocido ningún otro camino que combatir, rasguñar y desgarrar, no entenderán. Ámalos de todos modos.

Algunos necesitan represión pública. Sé paciente de todos modos.

Algunos no pueden animar a otros. Sé amable con ellos de todos modos.

Algunos han salido lastimados y no confían en nadie. Muestra confianza de todos modos.

«El Siervo Divino»® es la creación con marca registrada y derechos de autor del artista cristiano Max Greiner, hijo, de Kerrville, Texas © (www.maxgreinerart.com).

Algunos son egoístas y solo piensan en ellos. Sé generoso de todos modos.

Algunos no siempre dicen toda la verdad. Sé sincero de todos modos.

Algunos guardan rencor y escogen la ira. Perdona de todos modos.

Algunos quizás no se dedicarán a liderar con amor. Muéstrate dedicado de todos modos.

¿Qué elegirás hacer?

Ser comparado con hacer

Si estamos dedicados a liderar con amor es importante integrar el amor en nuestro modelo operativo, a fin de que nuestro equipo lo vea en acción y presencie su éxito. Muchas organizaciones hablan de valores, pero pocas los integran realmente en la manera en que evalúan y escogen líderes, y en que miden resultados empresariales.

Recientemente comprendí este asunto cuando oí una charla de Andy Stanley sobre objetivos *ser* comparados con objetivos *hacer*. La hipótesis de Andy es que la mayoría de los individuos crean muchos objetivos *hacer* en la vida: obtener cierta profesión, alcanzar cierto nivel de ingresos, poseer cierto patrimonio neto, levantar una familia de cierto tamaño, y así sucesivamente. ¡Y todos tenemos *ya* demasiadas listas de cosas por hacer!

Sin embargo, un objetivo *hacer* no puede definir *cómo* llegaremos allí. ¿Qué conjunto de valores guían nuestras decisiones? ¿Está bien ser deshonestos? ¿Está bien enfocarse exclusivamente en nuestros intereses antes de considerar el impacto en otros? ¿Y qué acerca de explotar a otros a fin de conseguir nuestros objetivos? ¿Están nuestro matrimonio y nuestra familia en primer lugar? ¿O es el éxito más importante que la familia? ¿Están los fines justificando los medios? Los objetivos *hacer* pueden ser buenos, pero no son suficientes.

Además de tener objetivos *hacer* es primordial definir los valores que dirigirán nuestras vidas. Estos son los que Andy llama nuestros objetivos *ser*. ¿Qué clase de personas queremos ser? ¿Qué valores defendemos? ¿Qué tipo de integridad tendremos cuando nadie esté observándonos? ¿Cómo queremos tratar a los demás, independientemente de cómo nos traten?

Todos tenemos listas de cosas por hacer; no obstante, ¿cuántos tenemos listas de qué llegar a ser?

La mayoría de las personas no las tiene, y lo mismo ocurre en nuestras empresas.

Cómo integrar el amor dentro de una organización

Todas las empresas definen claramente sus objetivos *hacer*. ¿Cuál es su misión? ¿Qué clase de experiencias desean para sus clientes? ¿Cuál es su meta de ganancias? ¿Cuál es su objetivo de flujo de fondos? Hasta las organizaciones no lucrativas cuentan con parámetros definidos para el éxito, aunque no sean específicamente económicos.

A ese respecto, Herschend Family Entertainment no es diferente. Tenemos un modelo comercial claramente establecido que gira en torno a nuestros objetivos *hacer*. Tenemos indicadores de éxito en experiencia del cliente, en satisfacción del empleado, en resultados de seguridad, en definición de marca y en resultados financieros. Es decir, definimos claramente *lo que* hacemos cada día para obtener ganancias. Nuestro modelo comercial se expresa en un alto nivel en el diagrama de flecha que aparece en la página 157.

Lo que nos hace diferentes de la mayoría de las organizaciones es que también definimos con claridad nuestros objetivos *ser* a través de liderar con amor. Este es el emplumado de la flecha en nuestro diagrama, la parte de la flecha que guía su vuelo y asegura que su objetivo sea cierto. ¿Qué clase de líderes quiere HFE? ¿Qué comportamientos y actitudes se esperan? ¿Cómo habrá de equilibrarse el amor con los objetivos *hacer*? En otras palabras, *¿cómo* queremos que nuestros líderes se traten entre sí y traten a los empleados mientras se consiguen los resultados económicos esperados?

Los objetivos *hacer* cambiarán constantemente con el tiempo, mientras los objetivos *ser* deben ser eternos y rara vez, o nunca, se les cambian. Los objetivos *ser* representan el corazón y el alma de una organización; son su cultura. Y nosotros predicamos con el ejemplo. Durante el examen anual de HFE se evalúa a todos los líderes tanto en objetivos *hacer* como en objetivos *ser*. Usamos la popular herramienta llamada matriz 2 x 2 para asegurar que captamos tanto el rendimiento numérico *como* el modo en que el líder logra resultados.

Desempeño con propósito

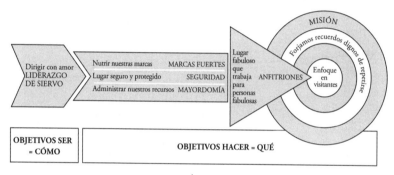

VISIÓN

Unimos más a las familias

Todo de manera coherente y con ética y valores cristianos

Si un líder obtiene altos resultados en su logro de objetivos (hacer) y también en liderar con amor (ser) conseguirá el mejor aumento, ¡y si rinde mal en ambos aspectos debe esperar pronto una carta de despido! A los líderes que rinden bien en un solo aspecto se les ofrecen herramientas y capacitación para ayudarles a triunfar en el área con debilidad, y todos los líderes de alto nivel en la compañía deben sobresalir en ambos aspectos.

Normalmente las personas que trabajan para mí se califican más bajo de lo que yo las califico en liderar con amor, por lo que la mayoría de las veces nuestras conversaciones son positivas y alentadoras. Es más, la mayor parte de los debates difíciles bordean la incapacidad de cumplir objetivos financieros. Esto me indica cuán bien liderar con amor se sigue de manera coherente en HFE.

Matriz de evaluación administrativa

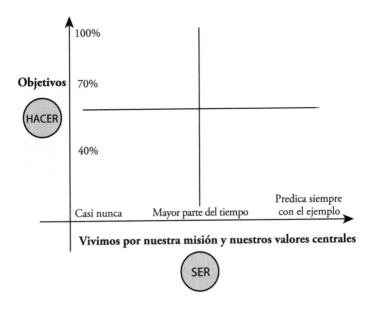

Los líderes y los empleados entienden la diferencia entre objetivos *hacer* y *ser*, y aprecian cualquier organización que pueda unir ambos aspectos. Según Jack nos recordara en el capítulo 2, esta tensión entre hacer y ser debe *adoptarse*, no *eliminarse*. Solo cuando un líder aprende a manejar aquella tensión, proceso que exige dedicación, es que en realidad está liderando con amor.

Cómo liderar con amor en
épocas difíciles

La Gran Recesión que empezó en 2008 ocasionó que casi todas las organizaciones en la nación tomaran decisiones muy difíciles con relación a presupuestos, personal y obligaciones continuas. Herschend Family Entertainment no fue la excepción.

En el capítulo 4 mencioné la alentadora nota que recibí de Jack, que me inspiró durante esta recesión. Pero hubo una cantidad de acciones adicionales del equipo HFE en cuanto a humildad e inspiración que mostraron dedicación incesante en dirigir con amor. Es fácil el análisis de liderar con amor cuando los tiempos son buenos, pero cuando ves tinta roja por donde miras se vuelve exponencialmente más difícil mantener tu dedicación a liderar con amor.

Tras el colapso del mercado en 2008, la asistencia a nuestro parque cayó significativamente, y teníamos obligaciones que sería difícil cumplir si las tendencias empeoraban. Así que reuní a mi grupo.

—¿Cómo podemos manejar estas decisiones económicas difíciles en una forma que sea coherente con nuestros valores? —pregunté.

—Tenemos que identificar las cifras de gastos generales que debemos recortar, y también debemos dar a nuestro liderazgo local la libertad de lograrlo del modo que ellos crean que es mejor —respondió Jane, nuestra directora ejecutiva de operaciones—. No deberíamos decidir por ellos.

Todos sabíamos que esa era la respuesta correcta.

Poco después reunimos a la mayoría de los líderes de nuestro parque en un salón o los contactamos por teléfono, y en treinta y siete minutos ellos habían tomado la decisión de recortar en cincuenta por ciento nuestros planes de gasto de capital para el año siguiente. Esto no implicaba eliminación de empleos, sino recorte en inversión que ahorraría flujo de efectivo y protegería trabajos en la compañía.

Cincuenta por ciento de recortes en menos de una hora. Ese fue el más asombroso ejemplo de liderar con amor que alguna vez he visto. Todos comprendieron la urgencia de actuar. Ninguno protegió su territorio ni fue egoísta en su enfoque. Hubo completa confianza y veracidad entre nuestro equipo. Respondieron a lo que se debía hacer, y toda la propiedad contribuyó. Aquello fue una demostración gratificante y oportuna de algunos de los frutos de liderar con amor.

El amor sí funciona, no *hasta* en épocas difíciles, sino *especialmente* en épocas difíciles.

Sin embargo, no estábamos completamente fuera de peligro. Aún debíamos localizar millones de dólares en ahorro adicional, así que de mala gana comenzamos a hablar de un despido.

—A fin de alcanzar nuestra cifra de reducción de gastos —expresé—, deberíamos despedir a muchos empleados. No obstante, hemos calculado que si congelamos los salarios durante un año, y los dirigentes de más alto rango aceptan una reducción salarial, podremos conservar cerca de trescientos cincuenta empleos y minimizar los despidos.

Decidimos examinar más esta idea y volverla a analizar en la mañana.

Al día siguiente Ken Bell, presidente de la compañía Dollywood, me llamó cuando se dirigía a su trabajo. Nosotros administramos Dollywood por medio de Dolly Parton; se trata de nuestra mayor propiedad, y ella es importante para nuestro éxito.

—Joel, todo el equipo administrativo de Dollywood se quiere acoger al recorte salarial. Si lo efectúan, podremos conservar otros quince trabajos más.

—¿Todo el equipo administrativo acordó esto? —pregunté sorprendido.

—Sí —respondió Ken.

Bueno, ¡esa es una llamada telefónica que a cualquier dirigente le gustaría recibir! Yo había pedido solamente a mis subordinados directos que asumieran recortes salariales, pero cuando el equipo de Ken comprendió la magnitud de los despidos que se debían hacer, usaron su libertad para decidir cumplir con las cifras de alguna otra manera: votando para reducir sus propios sueldos. Esa es una verdadera dedicación para liderar con amor.

No obstante, incluso con los recortes, nuestra oficina corporativa aún debió recortar diez por ciento de su fuerza laboral para cumplir el objetivo de reducir costos. En vez de despedir de inmediato al personal, dimos a todos los que perderían sus empleos una prolongada notificación de largo plazo para que pudieran encontrar un nuevo trabajo estando todavía empleados. También prestamos servicio de asesoramiento e ilimitado tiempo libre durante horas laborales para la búsqueda de empleo.

Es verdad que esto nos costó valiosos recursos, pero nuestro compromiso de liderar con amor significaba que entendíamos que había aun más valor en tratar a nuestros empleados con sinceridad y gentileza.

Nuestros líderes principales estuvieron activos en ayudar a encontrar nuevos puestos a quienes irían a ser despedidos, escribiendo cartas de recomendación y haciendo llamadas telefónicas. Analizamos las fortalezas de estas personas con empleadores potenciales y les hicimos saber que nuestra reducción laboral se basaba únicamente en lo económico, no en el rendimiento. Como resultado, a excepción de uno, todos quienes irían a perder sus empleos encontraron otro trabajo antes de que concluyera el período de notificación. La última persona consiguió un empleo a los cuarenta y cinco días de dejar nuestra compañía.

No sé lo que motiva a otros líderes, pero resultados como ese son los que me sacan de la cama en la mañana. En casos como este, algunos se fijarían en la pérdida de ingresos o en metas perdidas, nosotros pudimos celebrar que compañeros de trabajo que nos importaban y que respetábamos siguieran empleados, a fin de proveer para sí mismos y sus familias.

Cuando lideras con amor, tu definición de éxito se amplía, y experimentas más realización en el trabajo de la que alguna vez creíste posible, en especial cuando los tiempos son difíciles.

Nuestro equipo también hizo un buen trabajo en comunicar los recortes a toda la compañía. Usamos muchas vías de comunicación, entre ellas un mensaje por video y una carta mía. Esta era una tarea que yo no podía delegar, y por eso expliqué

- lo profunda que era la recesión,
- que solo queríamos cortar beneficios y personal una sola vez,
- cada tipo de recorte y la razón para ello, y
- que íbamos a celebrar asambleas públicas en todas nuestras propiedades para tranquilizar a nuestros empleados durante este difícil período.

Como resultado de la manera en que el equipo manejó esta comunicación, ¡los puntajes de satisfacción de nuestros empleados aumentaron en un año en que tomamos las decisiones más difíciles en la historia reciente! Esa fue una evidencia sorprendente pero bienvenida de que aunque nos vimos obligados a tomar acciones drásticas, nuestros empleados se sintieron involucrados e informados porque estábamos liderando con amor.

Cuando las épocas se dificultan, redoblamos nuestros esfuerzos para aplicar más de los principios de liderar con amor bosquejados en este libro:

Paciencia. Fuimos metódicos y manejamos con integridad y transparencia todos los análisis de pérdidas de empleo. Dedicamos tiempo a obtener información de cada propiedad y no nos apuramos a juzgar.

Bondad. Animamos a nuestros empleados a superar juntos esta crisis y a salir de ella como una compañía fortalecida.

También animamos a quienes perdieron sus empleos y les ayudamos activamente a buscar nuevo trabajo.

Confianza. Tratamos con cordialidad a quienes fueron despedidos al dejarlos que se quedaran durante seis meses mientras buscaban trabajo. Todos ellos honraron esa confianza, y todos encontraron empleo.

Generosidad. Todas las propiedades hicieron sacrificios, y Dollywood decidió extender los recortes a todos los administradores a fin de salvar empleos.

Sinceridad. Fuimos muy sinceros en nuestra comunicación y no anduvimos con rodeos. Nuestros empleados valoraron que se les dijera la verdad desde el principio.

Perdón. Hubo mucha tensión en medio de debates difíciles. Disentimos, «alborotamos y debatimos», pero al final tomamos las mejores decisiones que pudimos y seguimos adelante en una manera positiva.

La dedicación a liderar con amor no es solo teoría; es vivir el proceso empresarial que identifica y mide los comportamientos necesarios. Una cosa es *hablar* de valores como liderar con amor, pero otra es *cumplir* con esos valores, especialmente en épocas difíciles.

De eso es lo que trata la dedicación.

Los líderes que se dedican a los atributos del amor bosquejados en este libro mientras obtienen fuertes resultados económicos, sin duda se colocarán en una minoría única pero muy triunfal en los negocios, el gobierno y el mundo no lucrativo. La dedicación es el combustible que necesitamos para dirigirnos hacia nuestro objetivo: liderar con amor hoy, mañana y siempre.

El amor es dedicado
Resumen del capítulo

☑ Sé dedicado: aférrate a tus valores en todas las circunstancias.

☑ Los grandes líderes deben usar tanto el amor como el poder.
- Jesús exhibió cómo tener poder pero mostró amor.
- Amor sin poder, y poder sin amor, son ineficaces y malsanos en relaciones u organizaciones.

☑ Los grandes líderes saben cómo recompensar a las personas.
- Mide tanto los objetivos *ser* como los objetivos *hacer*.
- Integra los objetivos *ser* y *hacer* en el proceso de desarrollo del liderazgo en tu organización.
- Ten en cuenta la matriz 2 x 2 para evaluar líderes.

☑ Los grandes líderes saben cómo guiar en épocas difíciles.
- Es posible liderar con amor en tiempos difíciles, pero se necesita dedicación a la causa.
- Los líderes deben tomar decisiones difíciles; el modo en que las manejen distingue a aquellos que lideran con amor de los que no lo hacen.

10

LA DECISIÓN QUE TÚ TOMAS

Sé el cambio que deseas ver en el mundo.

Gandhi

Hemos llegado al final. He disfrutado caminando a través de los principios de liderar con amor, y espero que tú también lo hayas disfrutado.

Me gustaría dejarte con este sencillo pensamiento: *eres tú quien decide.*

Aunque tu jefe o tus líderes no apoyen liderar con amor, tú puedes mejorar la situación. Tal vez seas un gerente de nivel medio o un obrero de fábrica, y sin embargo puedes cambiar las cosas. Puedes vender autos o estacionarlos, o ser un interno, y aun así influir en el mundo.

Y a pesar de las mentiras que nuestra cultura intenta vendernos, ¿no es influir en el mundo de lo que *realmente* trata la vida? Puedes llevar una existencia más plena en el trabajo siendo coherente con los valores que aprecias en tu vida personal. La verdadera satisfacción me llega cuando actúo en armonía con un conjunto de valores tanto en el trabajo como en el hogar y en mi comunidad. El verdadero poder de liderar con amor es que unifica tu vida.

- ¿Te preguntas por qué más organizaciones no lideran con amor?
- ¿Dudas de que puedas ser determinante en tu organización, dada su aparente falta de enfoque en liderar con amor?
- ¿Sientes una dicotomía entre tus valores personales y los valores que te piden tener en el trabajo? ¿Deseas ver una conexión más profunda entre estos dos aspectos?

10.1

Cómo liderar con amor
cuando otros no lo hacen

¿Sabías que menos del diez por ciento de las empresas hoy día tienen un conjunto claramente definido de valores y comportamientos que los empleados deben profesar?[1] En otras palabras, solo el diez por ciento de las organizaciones tiene objetivos *ser* integrados de manera eficaz en sus prácticas diarias. Eso sí, muchas organizaciones escriben en su informe anual aspectos relacionados con su misión, visión y valores, pero esas son solo palabras a menos que tales objetivos *ser* estén integrados en el reclutamiento, la capacitación, la evaluación y la promoción de esas empresas. ¿Cómo puede una organización afirmar que sus objetivos *ser* son importantes cuando ninguna de las evaluaciones de desempeño o pago de sus líderes se basa en adherir esos valores?

Lo sorprendente es que se ha demostrado que las empresas con objetivos *ser* obtienen con el tiempo mejores resultados económicos. Si no me crees, lee *Built to Last* de Jim Collins, donde demuestra empíricamente que las compañías con un conjunto inalterable de valores y conductas principales (objetivos *ser*), aun cuando sigan estando abiertas a cambios en sus prácticas diarias (objetivos *hacer*), superan a aquellas que no los tienen.[2] Así que, ¿por qué tan pocas organizaciones tienen un conjunto inalterable de valores y conductas principales?

Para empezar, es *difícil* liderar con amor. Es mucho más fácil centrarse solo en «cumplir las cifras» y no preocuparse respecto al impacto que nuestras acciones tienen en las personas, o cómo la cultura de la organización será impactada por una serie de decisiones.

Preocuparse por cómo implementar un conjunto de valores y conductas solo parece obstaculizar el camino.

Por ejemplo, sería *más fácil* despedir simplemente a un empleado cuando este pasa por alto un presupuesto de lo que sería crear un plan para mejorarlo y darle otra oportunidad. Sin embargo, lo *más fácil* no establecería confianza en la organización y no les mostraría a otros que también recibirán un trato justo. Lo *más fácil* no hace crecer ni fomenta una cultura fuerte que extraiga lo mejor de las personas, ayudándolas a tomar riesgos y a que vivan sin el temor diario por sus empleos. Lo *más fácil* no levantaría una organización perdurable y sana que atraiga los elementos de mejor nivel y que soporte la prueba del tiempo.

Liderar con amor es un testimonio superior a la sagacidad del liderazgo que simplemente tomar la senda trillada hacia la administración basada en el temor y la sed de poder. Dirigir con amor exige compromiso, fuerte voluntad y paciencia, pero los resultados son insuperables.

¿Aún estamos allí?

Una segunda razón para que la organización no lidere con amor es que la mayoría de los líderes creen erróneamente que la ganancia es un fin en sí mismo. En consecuencia, tales líderes hacen de la utilidad el enfoque de todas sus decisiones. No obstante, el problema es que el beneficio no motiva a la mayoría de las personas de las primera línea que son esenciales para el éxito diario de una organización.

Recientemente me pidieron que hablara en un acto que también contaba con Jim Collins (bueno, ¡yo era más bien una jornada de calentamiento para el famoso actor!), pero asistimos a la misma cena de oradores. Él y yo debatimos acerca de cómo grandes organizaciones se enfocan en satisfacer los deseos del cliente mientras son motivadas por magníficas culturas institucionales, y las utilidades fluyen secundariamente de aquellos compromisos primarios. ¡Pocos empleados aparecen todos los días para trabajar entre diez y catorce horas diarias por causa de las utilidades de la empresa! Con relación a otro punto, Collins afirmó: «La rentabilidad es una condición necesaria para la existencia y constituye un medio para fines más importantes, pero no es el fin en sí para compañías visionarias. La utilidad es como el oxígeno, el alimento, el agua y la sangre para el cuerpo; estos elementos no son la razón de la vida, pero sin ellos no hay vida».[3] La investigación de Collins y mi experiencia en negocios reflejan la misma verdad: que las empresas perdurables y exitosas están manejadas de manera más ideológica y menos enfocadas simplemente en las utilidades que las compañías que no funcionan tan bien económicamente.

El largo plazo

La razón final de que liderar con amor sea algo raro es que a muchos líderes simplemente no les interesa permanecer por mucho tiempo. Tales dirigentes exigen resultados presentes sin tener en cuenta el futuro. Su forma de pensar es como la de un inversor que compra una casa solo para sacarle una utilidad, en contraste con un comprador inteligente y visionario que ve una casa como una inversión a largo plazo *y* como un maravilloso lugar en el cual levantar una familia, celebrar días especiales y envejecer.

En otras palabras, a algunos líderes no les importa lo que le sucederá a su compañía después de que ellos se vayan. ¿Es esa la clase de organización para la que deseas trabajar? ¿Es ese el tipo de líder que quieres ser?

Muchos fondos de cobertura y algunos grupos de capital privado funcionan de este modo. Están interesados solo en los próximos tres o cinco años, centrándose exclusivamente en crear una «estrategia de salida» o un «problema de liquidez» que les permitirá vender la compañía, obtener gran ganancia en la venta, y luego dejarla atrás. Muchas veces dejan la empresa sobrecargada con los resultados de las decisiones de corto plazo que afectan a largo plazo, a menudo con deudas incrementadas que podrían tomar años en pagarse y que atribularán a futuros líderes.

Cualquier persona con dos dedos de frente puede entrar en una organización y rápidamente mejorar los resultados reduciendo costos, pero las jugadas que impulsan ganancias a corto plazo pueden destruir por dentro la confianza, las relaciones, la cultura de largo plazo y la rentabilidad de una organización. El líder que sigue esa clase de paradigma con frecuencia se muda, dejando a la compañía en terapia intensiva. Nunca aprobaríamos a padres que compran a crédito costosos juguetes para sí mismos o para sus hijos, solo para caer en deudas irreversibles varios años después; sin embargo, a menudo elogiamos negocios que se manejan de esta manera.

A veces las carreras, en lugar de las empresas, se levantan esencialmente para darse vuelta. En organizaciones más grandes, muchos ejecutivos pasan a diferentes divisiones o departamentos cada dos o tres años, y toman decisiones que ayudan a tener resultados a corto plazo, pero que pueden perjudicar a la compañía a largo plazo. De igual modo, he visto líderes que tienen una actitud de «en mi período». Si la mejora no va a ocurrir de inmediato, bajo su dirección, no quieren considerarla... aunque claramente sea la mejor decisión para la empresa a largo plazo.

Liderar con amor significa construir organizaciones que perduren.

¿Cómo liderarás?

Joe Kennedy es un gran amigo de GM y Harvard Business School, y un astuto empresario que dirigió las ventas y el mercadeo de Saturn en la década de los noventa durante el apogeo de esta firma. Ahora es el director general de Pandora, la novedosa y creciente empresa de radio e Internet, ¡una relación que me produce *un poco* de escalofrío con mis hijas! El hombre también fue jugador de tenis en la división I de la Universidad de Princeton y, como es lógico, me ganó 147 veces sin perder un solo juego en la cancha de tenis en un período de más de treinta años. La siguiente vez que jugamos, y lo derroté, yo no podía esperar para exclamar: «¡Nadie me vence 148 veces seguidas!».

Joe dijo algo profundo respecto a ser construido para perdurar, y nunca he olvidado sus palabras: «Existen dos actividades esenciales que toman tiempo: desarrollar una organización y crear una marca. Esas actividades son paralelas e interdependientes. Liderar tiene que ver con enseñar a la organización lo que nos identifica; crear una marca tiene que ver con enseñar a millones de clientes lo que nos identifica. Liderar y crear una marca exige tiempo, coherencia y constancia».

Tiempo, coherencia y constancia.

Si una organización no define sus objetivos *ser*, con el tiempo le faltará la coherencia necesaria en valores de liderazgo y comportamiento que se esperan. Dicho de otro modo, la organización no se creará para perdurar. No tendrá alma ni creencias centrales, y sus integrantes no comprenderán ni asimilarán lo que representan. Con cada líder nuevo, la cultura será diferente y los empleados se confundirán. No hace falta tener un liderazgo sabio para saber lo que con el tiempo ocurrirá a esa organización.

Si has leído hasta aquí, conoces la definición de amor ágape que se puede usar en el trabajo. Tienes las herramientas necesarias para integrar el amor en tu organización y en la capacitación y evaluación de tu liderazgo. Comprendes que las organizaciones con fuertes objetivos *ser* cumplen económicamente mejor que las que no los tienen. Y también entiendes que la mayoría de las compañías no lideran con amor.

Lo que venga a continuación depende de ti: ¿cómo vas a liderar?

10.2

No estás solo

Si estás leyendo este libro y quisieras ser un líder más alto de modo que pudieras tener mayor influencia, tengo a alguien a quien debes conocer: Judy Ward. Nadie en Dollywood tiene mayor impacto en la cultura empresarial que Judy.

Conoce por nombre a cada uno de los más de mil empleados, ¡de veras!

Les conoce sus fortalezas y debilidades.

Sabe quién hace un buen trabajo y quién no.

Está lista a escuchar a todos los líderes de alto nivel en cualquier momento.

Sobresale en su trabajo.

Judy tiene un corazón del tamaño de Texas, y siempre se asegura de que los empleados obtengan la ayuda que necesitan a través de Share It Forward y de otros programas. Dollywood literalmente no sería el parque tan amigable y el entretenimiento familiar tan próspero que es hoy día sin Judy.

Y Judy es asistente ejecutiva.

No me malinterpretes, el trabajo de una asistente ejecutiva es una tarea fundamental que exige extraordinarias habilidades empresariales, diligencia, inteligencia y una fuerte ética laboral. Estoy consciente de que yo no podría hacer mi trabajo sin Jamie, mi asistente ejecutiva de talla mundial.

No obstante, nadie considera que una asistente ejecutiva sea una posición alta desde un punto de vista de autoridad. Normalmente asignamos a los asistentes el calificativo de «personal de apoyo», y acudimos a los «verdaderos» líderes de una organización para las decisiones e influencias «de importancia».

La influencia que una persona puede tener

Pero ten en cuenta esto: Judy tiene tan «alto nivel» como cualquiera desde un punto de vista de influencia, y me ha enseñado que la conformación de la cultura empresarial depende de individuos a través de la jerarquía, sin importar cuál sea el título del empleo. Cualquiera de nosotros puede tener verdadera influencia.

Judy trabaja muchas horas y hace lo que sea necesario para lograr que el trabajo se haga. Ella envía mensajes por correo electrónico al equipo de Dollywood para que la gente sepa de otros miembros de la compañía que necesitan que pensemos y oremos por ellos. Sus correos electrónicos sirven como un constante recordatorio de que nuestra organización se preocupa por el individuo en su totalidad, no solo por las cifras que este representa; y que el amor es nuestro principio primordial de liderazgo.

He aquí un ejemplo de uno de los asombrosos mensajes de Judy. Lo aleccionador es que literalmente tomé el correo electrónico más reciente de ella, ¡sin que hubiera ninguna «búsqueda del mejor»!

Querida familia Dollywood:

Dale Puckett, quien ha sido miembro de nuestra familia Dollywood durante casi veinticinco años, esposo de Mitzi (quien trabaja en mercancías), que actúa con los Kinfolks en nuestro teatro Back Porch y que es primo hermano de Dolly, falleció ayer a la una de la tarde.

Entiendo que Dale fue a pescar el miércoles pasado y agarró su cuota. Luego el jueves estuvo sentado en su silla tocando guitarra cuando sencillamente se quedó dormido. Dale dejó este viejo mundo exactamente del modo que le habría gustado hacerlo: ¡rápido y tocando su guitarra!

Esto demuestra que a ninguno de nosotros se nos promete el mañana, así que debemos mantener a cada uno cerca de nuestro corazón y no subestimar a nadie, porque podría ser la última vez que estemos con esa persona. Siempre es difícil renunciar a alguien a quien amas tanto, así que por favor pide a Dios que con su toque sanador toque los corazones destrozados y los rodee con su amor para que esos deudos no se sientan solos sino que experimenten la cercanía, el consuelo y la fortaleza divina.

Gracias a todos por su amor, sus oraciones, y su ayuda mutua durante tiempos difíciles. Eso es lo que nos mantiene como una familia unida.

Los amo a todos,

Judy

Nunca pierdas la oportunidad de llevar un rayo de esperanza a la vida de otra persona. Unas cuantas palabras de aliento pueden influir en gran manera en la vida de alguien.

Mensajes reflexivos y oportunos son solamente la punta del iceberg de Judy. Ella se detiene para comprobar quiénes están enfermos en casa, organiza visitas a personas hospitalizas después del horario del parque, prepara reuniones para empleados antiguos o jubilados, y crea un ambiente en que todos los empleados se sienten apreciados y amados, y en el cual todos desean arrimar el hombro para completar

Michelle (empleada de Dollywood), con Judy Ward, campeona principal de cultura, y Ramona, visitante del parque.

cualquier tarea a fin de asegurar que estamos creando recuerdos que valgan la pena que nuestros visitantes repitan.

Tratamos de tener una «Judy» en cada propiedad. A veces es un gerente de recursos humanos, un administrador de atracciones, o una enfermera defensora de la salud. En Silver Dollar City es June Ward (sin parentesco con Judy Ward), una empleada de cuarenta años que dirige nuestra tienda de chocolate y que representa a la «cultura policial». Sea quien sea, la cultura exige que alguien tome la iniciativa, asegurando así que la propiedad lidere con amor para aquellos que lo necesitan.

Judy y June son prueba viviente de que *cualquiera* de nosotros puede influir enormemente en el trabajo. Todo el mundo en una organización está tratando con *algo*: problemas en casa, cuestiones de salud, estrés financiero, y cualquier cosa que la vida traiga. Además, todo el mundo necesita un dirigente que lidere con amor, convirtiéndolos en mejores personas y empleados.

El atributo final: humildad

Judy y todos los empleados antiguos de Herschend Family Entertainment que he conocido son prueba de lo que una vida de liderar con amor hará en alguien: formará *humildad en* esa persona.

Realmente, humildad es el octavo principio de liderar con amor ágape al cual HFE pide que todos sus empleados se adhieran. Por supuesto, el momento en que *intentamos* ser humildes no lo somos... porque estaríamos centrados en nosotros mismos, ¡y por eso es que no tenemos un capítulo sobre la humildad! Nos volvemos humildes solo cuando nos enfocamos en los demás; y si seguimos las siete palabras de amor, en el proceso nos volveremos humildes.

¿Quién es la Judy Ward en tu organización? ¿Eres tú? ¿O alguien que trabaja para ti y a quien nunca has reconocido o nunca has dado libertad de acción?

Recuerda: *eres tú quien decide.*

Liderar con amor:
un estilo de vida

Aceptar la oferta de Jack, como relaté en el capítulo 1, fue la mejor decisión profesional de mi vida. Algo milagroso sucedió a lo largo del camino cuando llegué a trabajar en Herschend Family Entertainment: Jack, Peter, Nelson y los demás líderes me enseñaron algo acerca de mí que yo debía aprender.

Como sabes por la historia de mi padre, me crie sin medios económicos, y a temprana edad supe que no deseaba experimentar las mismas presiones financieras que mis padres. Como resultado siempre me fijé metas agresivas en todos los aspectos de mi vida; estaba muy decidido a no seguir los pasos financieros de mi padre.

No estoy sugiriendo que mi decisión fuera buena o correcta, pero sí sé que el lugar de donde provengo influyó en las decisiones profesionales que tomé. A inicios de mi carrera me centré en el dinero y en cómo obtener más. Esa es la razón principal de que nos mudáramos diez veces en quince años. El problema era que ni a mi familia ni a mí nos gustaba el lugar a dónde yo había ido a parar; como dice el dicho, había subido la escalera, pero esta estaba en el muro equivocado.

La vida no dio los resultados que yo había esperado. Me había esforzado mucho, obteniendo las notas más altas en la universidad mientras jugaba fútbol americano y béisbol, graduándome en Harvard Business School, y luego trepando la escalera en GM, la cual había culminado en un ascenso a una de las mejores posiciones en Saab Estados Unidos a los treinta y seis años de edad.

*La casa en que me crie. Después añadimos una segunda planta
cuando papá finalmente consiguió trabajo en la fábrica.*

Sin embargo, estando sentado en ese apartamento de un solo
cuarto en California me di cuenta de que me hallaba por los suelos
según los indicadores que realmente me importaban. ¿Cómo podía
estar emocionado respecto a un estilo de vida que destrozaría mi
familia? No sabía qué hacer a continuación.

Por suerte acepté el ofrecimiento de Jack y aprendí a liderar con
amor a través del ejemplo que él y Peter me dieron. Las experiencias de mi infancia habían influido en mis decisiones a lo largo del
camino, pero no tendrían que determinar mi destino. Yo debía dejar
de culpar a mi infancia económicamente pobre por mi enfoque
desequilibrado en lograr «el éxito» a toda costa y en *cumplir* metas.

En otras palabras, *yo* era el problema, no las compañías para las
que trabajaba o los líderes a los que servía. No fue culpa de ellos que
yo hiciera todo lo posible por triunfar a expensas de mi familia. No
era culpa de ellos que yo no estuviera más enfocado en los demás. No
era culpa de ellos que yo hubiera perdido mi norte.

¿Se aplica eso a ti?

Los objetivos *ser* tienen que ver con definir la clase de personas
en que nos queremos convertir, en lugar de aquello que queremos

lograr. Lo fabuloso acerca de los objetivos *ser* es que están dentro de nuestro control. Y, aun más importante, cuando vivimos en una forma coherente con esos objetivos descubrimos alegría y paz que nunca antes habíamos conocido... emociones que experimentamos independientemente de los imperativos numéricos del día a día en el trabajo.

Cuando acepté el empleo en HFE hice al mismo tiempo algo que ahora te animo a que hagas: establecer objetivos *ser*. Puesto que soy seguidor de Jesús, mis objetivos *ser* están basados en sus palabras: «Ama al Señor tu Dios con todo tu corazón, con todo tu ser y con toda tu mente... Ama a tu prójimo como a ti mismo» (Mateo 22.37–39).

Por tanto, mis objetivos *ser* definen cómo puedo amar a Dios y a los demás. Mi definición de objetivos *ser* en cuanto a «amar a los demás» utiliza las mismas palabras y los mismos principios que he descrito en este libro, y mi enfoque en amar a otros en mi vida *personal* coincide perfectamente con el liderazgo de amor en mi vida *profesional*.

Esto lleva a un principio muy importante: cuando tus valores personales coinciden con tus valores laborales, tienes las mejores posibilidades de ser feliz. He tenido ofertas de dejar HFE, pero siempre las he rechazado porque mi vida tanto personal como profesional está en armonía, y ese gozo no tiene precio.

Respuesta a la pregunta ¿por qué?

Tener un conjunto único de objetivos *ser* en casa y en el trabajo proporciona algo aun más importante que contentamiento; me brinda una respuesta a la pregunta *por qué*. ¿Por qué me levanto cada día y voy a trabajar? ¿Por qué en primer lugar estoy en este mundo? ¿Cuál es el significado de mi trabajo? ¿Por qué todo mi duro trabajo siquiera importa? Estas son preguntas formidables, las más importantes que podemos hacernos en la vida. No obstante, la mayoría de nosotros estamos tan ocupados *con* la vida que no tenemos tiempo para reflexionar en la profundidad y seriedad de estos interrogantes.

Mi tiempo en Greenlight.com fue una experiencia solitaria y desierta, pero me permitió cavilar en estas preguntas «por qué» y ver la relación entre mis objetivos *ser* y mis objetivos *hacer*. Puesto que mis objetivos *ser* brotan de mi fe en Jesús, llego a entender que mis objetivos *hacer* deberían tener las mismas raíces. Jesús proporciona a sus seguidores el mandato definitivo y retador: *ama a los demás como a ti mismo*. Es decir, perfectamente. La manera más clara que conozco de unificar mis objetivos *ser* y *hacer* es mostrar que Dios está activo en mi vida tanto hogareña como laboral.

Creo que somos creados por Dios para reflejar los atributos del amor bosquejados en este libro, y esto es cierto seas seguidor de Jesús o no. Después de todo, ser paciente, bondadoso, confiado, generoso, sincero, perdonador y dedicado no significa que seas religioso, significa que lideras con amor, y así es como las personas están conectadas. Todos ansiamos relaciones más íntimas en la vida, y estas solo se pueden desarrollar cuando nos tratamos unos a otros con amor ágape.

Ninguno de mis objetivos *ser* tiene *algo* que ver con la magnitud de la organización para la que trabajo, con el prestigio de mi cargo, o con el ingreso que percibo. Sin embargo, estos objetivos *sí* requieren de mi tiempo y mi energía. Cuando yo viajaba más de veinte días por mes y trabajaba más de setenta horas por semana no tenía capacidad para amar a otros y no quedaba nada en mi tanque.

En otras palabras, yo era todo *hacer* y nada *ser*.

Ahora considero mis objetivos *ser* como la máxima prioridad en mi vida. Programo tiempo para estar con mi esposa (citas nocturnas), tiempo para estar con mis hijas (citas y viajes de padre e hija), y tiempo para estar con mis amigos (juegos de golf y llamadas de rendición de cuentas), y cada día programo varios asuntos de liderazgo. Si no programo estas actividades y me aseguro de que son prioritarias carezco de la disponibilidad emocional que necesito para ser el esposo, el padre, el amigo y el líder que deseo ser.

Tengo gozo como nunca antes. Estoy feliz con quién soy en esta temporada. No estoy «buscando» algo. Todavía trabajo duro y estoy muy orientado en el rendimiento, pero he cambiado para mejor... solo pregúntale a Marki y a nuestras cuatro hijas.

¿Qué es lo que te importa?

Piensa cuidadosamente en la respuesta a esa pregunta. Para mí lo que importa son los siete principios de amor ágape que, cuando los practico en el trabajo y el hogar, me aseguran que realmente estoy yendo tras lo que tiene importancia.

Liderar con amor es demasiado importante para ser dejado al azar. Se necesita esfuerzo para dirigir con los principios del amor: ser pacientes, bondadosos, confiados, generosos, sinceros, perdonadores y dedicados.

Amigo, mi mensaje final para ti es este: liderar con amor vale la pena. En cada nivel esto es más difícil y en cada nivel es más gratificante, más satisfactorio, y más *correcto* de lo que puedas imaginar.

¿No es eso lo que quieres? ¿No es eso lo que has estado anhelando todos estos años? Vamos allá juntos. Tomemos la oportunidad de mostrar al mundo cómo es una organización liderada con amor.

Mostremos al mundo que el amor sí funciona.

La decisión que tú tomas
Resumen del capítulo

☑ ¿Por qué no hay más organizaciones y dirigentes que lideran con amor?
- Es difícil. Es más fácil simplemente «alcanzar las metas», sin considerar cómo las decisiones impacten a otros.
- Se trata menos de alcanzar metas y más de hacer lo correcto por el cliente y por los empleados a través del tiempo.
- Los grandes líderes no levantan algo para que desaparezca, levantan algo para que perdure.

☑ Toda persona cuenta.
- Puedes tener una fuerte influencia en tu organización sin importar qué cargo tengas.
- Todos en tu organización están tratando con algo difícil en sus vidas. Liderar con amor ayudará a que esas personas superen sus luchas.

☑ Piensa en lo que *haces* frente a lo que *eres* en todos los aspectos: modela un estilo de vida de liderar con amor.
- Los objetivos *ser* están totalmente dentro de tu poder de ejecución.
- Programa tiempo para tus objetivos *ser* de igual modo que lo haces con tus objetivos *hacer*.
- La verdadera satisfacción llega cuando, con un conjunto de valores, actuamos en consonancia tanto en el trabajo, así como en casa y en la comunidad.

Apéndice

Historia y propiedades de
Herschend Family Entertainment

Herschend Family Entertainment comenzó, bueno, en una *cueva*. En 1950 Hugo y Mary Herschend alquilaron Marvel Cave [Cueva Marvel] cerca de Branson, Missouri. Puesto que se estaban mudando de la bulliciosa ciudad de Chicago a un lugar prácticamente desconocido, este constituyó un enorme riesgo.

Hugo era un próspero vendedor de Electrolux, mientras Mary estaba ocupada criando a dos chicos jóvenes, Jack y Peter. Ellos habían estado de vacaciones en la cueva y les encantó su belleza natural y el «espacio cavernoso tipo catedral» del lugar. Planeaban ganarse la vida dando a las personas recorridos turísticos guiados en esta maravilla natural.

Los primeros días: Jack, Mary y Peter Herschend en Silver Dollar City (c. 1961).

Así que los Herschend se arriesgaron y se mudaron a Branson. Lucharon al principio. Pero pronto se extendió la noticia acerca de la experiencia única que los visitantes disfrutaban cuando recorrían la cueva. Hugo, Mary y el personal que empleaban eran amables y atentos. Los clientes se sentían como en familia. Pero luego ocurrió una tragedia: Hugo murió inesperadamente de un ataque cardíaco, dejando a Mary para dirigir la cueva junto con Jack y Peter, quienes tenían veinte y veintidós años de edad.

Mary, Jack y Peter siguieron haciendo de la cueva un lugar especial. Trataban tan bien a los clientes que los recorridos en la cueva se hacían demasiado largos. Los Herschend construyeron adicionales atracciones pagadas para entretener a los visitantes. Poco a poco esta gran variedad de atracciones se amplió, y en 1960 se la llegó a conocer como Silver Dollar City, un parque temático que hoy día atrae a más de dos millones de visitantes al año.

Jack y Peter se encargaron de la administración del parque después de la muerte de Mary en 1983 y la organización siguió creciendo. Con el éxito de Silver Dollar City, los hermanos añadieron un parque acuático y un crucero con cena en Branson, de ochocientos asientos. En 1985 recibieron la invitación de asociarse para

Donde todo empezó: Jack, Sherry, Peter y JoDee Herschend en Silver Dollar City.

operar Dollywood de Dolly Parton en Pigeon Forge, Tennessee, una asociación que más tarde añadiría Dollywood Splash Country, y los teatros-cena Dixie Stampede, y Pirates Voyage en tres estados. En 1998 HFE agregó el parque Stone Mountain en Atlanta a su cartera de propiedades.

En busca de diversidad, HFE adquirió Ride the Ducks, una empresa turística anfibia, en 2003. Cuatro años después la compañía adquirió Adventure Aquarium en Camden, New Jersey, y Newport Aquarium en Newport, Kentucky. También añadieron Wild Adventures, un parque temático y acuático en Valdosta, Georgia, en 2007.

Más recientemente, en 2011, HFE se convirtió en la compañía administradora para Darien Lake Theme Park Resort en Buffalo, New York, y Elitch Gardens en Denver, Colorado. Ambas atracciones cuentan con un parque temático y acuático, y son propiedad de CNL Lifestyle Properties REIT. Hoy día las propiedades de Herschend Family Entertainment atraen dieciséis millones de visitantes al año.

Nuestras instalaciones

A **Silver Dollar City - Branson, MO** – *Espíritu de los parques estadounidenses de aventura, con artesanías y artesanos, además de entretenimiento en vivo, atracciones mecánicas y festivales.*

B **White Water - Branson, MO** – *Una atracción acuática, temática y tropical, y primer parque acuático de la familia Herschend.*

C **Showboat Branson Belle - Branson, MO** – *Un barco de ruedas de setecientos asientos que dispone de cena, espectáculos al estilo Broadway y un maravilloso crucero en Table Rock Lake.*

D **Wilderness Campground - Branson, MO** – *Cabañas rústicas y pioneras hechas de troncos, lugares para acampar y pernoctar a solo pocos minutos de sitios de interés turístico en Branson.*

E **Dixie Stampede - Branson, MO - Pigeon Forge, TN** – Un espectáculo temático sureño con cena, operado en asociación con Dolly Parton, y presentación de animales en vivo, música y entretenimiento.

F **Dollywood - Pigeon Forge, TN** – El parque Smoky Mountain operado en asociación con Dolly Parton, cuenta con emocionantes atracciones mecánicas y festivales.

G **Dollywood's Splash Country - Pigeon Forge, TN** – Un parque acuático de temática apalache, y el más grande en Tennessee, operado en asociación con Dolly Parton y elegido como el quinto en el mundo con los mejores paisajes.

H **Dollywood Vacations - Pigeon Forge, TN** – Operado en asociación con Dolly Parton, ofrece un alojamiento con privilegios exclusivos de las atracciones Dollywood.

I **Stone Mountain Park - Atlanta, GA** – Un destino turístico y vacacional con el monolito tallado más grande del mundo, atracciones, un impresionante espectáculo láser, y opciones de alojamiento que van desde hotel hasta camping.

J **Evergreen Resort - Atlanta, GA** – Este complejo de golf y spa ofrece un fácil acceso a las atracciones y actividades recreativas en Stone Mountain Park.

K **Wild Adventures Theme Park - Valdosta, GA** – Un destino de entretenimiento familiar que combina atracciones mecánicas, animales exóticos, espectáculos, conciertos y un parque acuático.

L **Newport Aquarium - Newport, KY** – Un acuario de vanguardia con miles de criaturas acuáticas, y el único programa de cría de tiburón raya en el mundo.

M **Adventure Aquarium - Camden, NJ** – Un acuario de clase mundial conocido por sus exhibiciones táctiles, su zona de visualización submarina de hipopótamos, y la colección más extensa de tiburones en la Costa Este.

N **Darien Lake Theme Park Resort - Buffalo, Nueva York** – El parque temático y acuático más grande de Nueva York ideal como destino vacacional, con atracciones mecánicas, un hotel y terreno para acampar.

O **Elitch Gardens Theme & Water Park - Denver, CO** – Ha entretenido a visitantes durante más de ciento veinte años, y es el único parque acuáticotemático de Estados Unidos en el centro de la ciudad.

P **Pirates Voyage - Myrtle Beach, SC** – Un espectáculo de temática pirata con cena, operado en asociación con Dolly Parton, y que presenta animales vivos, música y diversión.

Q **Ride the Ducks - Atlanta, GA - Branson, MO - Newport, KY - Philadelphia, PA - San Francisco, CA** – Una interesante aventura, informativa y divertida, en tierra y agua a bordo de un vehículo anfibio.

Reconocimientos

M e gustaría agradecer a las siguientes personas por su inmensa contribución a *El amor sí funciona*:

A Jack y Peter Herschend: por enseñarme cómo amar en el trabajo y por ser segundos padres para mí. Su sabiduría y humildad en la transición del liderazgo en Herschend Family Entertainment es el mayor ejemplo de abnegación que he visto en los negocios. Me siento muy honrado casi a diario al tratar de llevar adelante el legado de ustedes.

A Nelson Schwab: tú eres el líder «responsable» más competente con quien he trabajado alguna vez y en cualquier lugar; sin embargo, te muestras como un hombre sincero y cariñoso. Eres un presidente de la junta que me ha enseñado mucho acerca de cómo dirigir. También agradezco a los demás miembros de la junta de HFE: Chuck Bengochea, Chris Herschend, Rusty Griffin, Todd Schurz y Donna Tuttle, por su incesante apoyo y su emocionante sabiduría y consejo.

A toda la familia Herschend, por seguir apoyando el legado de liderar con amor que Jack y Peter crearan, el cual exige que el liderazgo equilibre la tensión entre las personas y las utilidades del negocio. Qué desafío, pero también qué bendición.

Al equipo principal de liderazgo en HFE que me apoyó a través de este proceso: Rick Baker, Ken Bell, John Carson, Jane Cooper, Michael Dombrowski, Steve Earnest, Anthony Esparza, Eric Lent, Craig Ross, Brad Thomas, Rick Todd y Andrew Wexler. Sin sus contribuciones al contenido de este escrito, y sin haberme cubierto cuando no podía estar allí, este libro no habría sido posible.

A los miles de empleados de HFE que me muestran cómo amar cada día, con la manera en que ustedes se tratan mutuamente y que tratan a nuestros visitantes. Gracias por realizar el trabajo realmente duro de liderar con amor en las líneas frontales cada día.

A todo el equipo de Zondervan: si alguna vez ha habido una compañía que constantemente lidera con el amor, son todos ustedes. Desde el director general Scott Macdonald hasta todos los demás que he conocido, siempre me han hecho sentir amado y cuidado. Verne Kenney, gracias por creer en mí; esto no habría ocurrido de no ser por ti. A Cindy Lambert: Tus «perspectivas generales» de visión editorial dieron al proyecto la dirección correcta. Gracias por la detallada colaboración de mercadeo de Don Gates, Tom Dean, Madeleine Hart, y por la edición final de Heather Adams y Jim Ruark.

A Fatima Mehdikarimi: por tu entusiasmo, organización, altos estándares y metas elevadas. Con frecuencia me inspiraste cuando yo mismo me cuestionaba. Sobre todo, gracias por estar dispuesta a decirme que el libro estaba fuera de onda, aunque era nuestra primera reunión. Para eso se necesitan agallas, y tienes las necesarias; me alegro por haber escuchado. Valerie McCarty, gracias por contratar a Fatima y por el pronto apoyo y la inspiración.

A Jamie Hawkins: la mejor asistente ejecutiva que he visto, en cualquier lugar, que hace una labor asombrosa sin fanfarria ni búsqueda de reconocimiento. Tu incesante ética laboral, organización, sentido de responsabilidad e inteligencia me permitieron mantenerme participando activamente en los asuntos cotidianos de HFE mientras escribía el libro. No lo pude haber logrado sin ti.

A Dale Buss: gracias por animarme a hacer esto, y por ser decisivo en llevar el borrador inicial de mis improvisadas ideas a la página escrita. Gracias por tu amistad.

A Don Jacobson: este proyecto no habría ocurrido sin tu ayuda y guía. Gracias por creer en mí y por ayudarme a seleccionar el socio adecuado en Zondervan.

A Sam Horn: por tu inagotable entusiasmo, visión profunda, y enfoque en la narración; y por ayudarme a «encontrar mi voz». Eres una inspiración viva y estimuladora.

A David Jacobsen: eres un regalo de Dios. Tus conocimientos de edición fueron de gran valor, y fue muy emocionante trabajar contigo. Gracias por hacer de este libro algo mucho mejor.

A Vaughn Brock, Dougal Cameron y Kevin Jenkins: sin su manera de animarme yo nunca podría haber realizado *Undercover Boss*; y sin lo cual no podría haber escrito este libro. Gracias por su amistad de muchísimos años. Estamos hermanados de por vida.

A Marki y nuestras cuatro hijas maravillosas, Ryn, Erinn, Jesse y Anna: por su apoyo y comprensión de los interminables fines de semana y las altas horas de la noche viéndome escribir con la cabeza atrapada en la computadora, perdiendo demasiado tiempo familiar y sin quejarse nunca por eso... incluso durante las vacaciones familiares. Las amo.

Sinceramente,
Joel

Notas

9: El amor es dedicado

1. Adam Kahane, *Power and Love* (San Francisco: Berrett-Koehler, 2010), citado en Art Kleiner, «How to Balance Power and Love», en *Strategy and Business,* 7 marzo 2011.

10: La decisión que tú tomas

1. Frances Hesselbein y Marshall Goldsmith, eds., *The Leader of the Future 2: Visions, Strategies, and Practices for the New Era* (San Francisco: Jossey-Bass, 2006), p. 158 [*El líder del futuro 2: visiones, estrategias e ideas para los nuevos tiempos* (Barcelona: Deusto, 2007)].

2. Jim Collins y Jerry I. Porras, *Built to Last: Successful Habits of Visionary Companies* (Nueva York: HarperBusiness, 1997), p. 55 [*Empresas que perduran: principios básicos de las compañías con visión de futuro* (Barcelona: Paidós, 1996)].

3. Ibíd.

Nos agradaría recibir noticias suyas.
Por favor, envíe sus comentarios sobre este libro
a la dirección que aparece a continuación.
Muchas gracias.

Vida@zondervan.com
www.editorialvida.com